中高职教育贯通会计专业核心课程教材系列
上海商贸职业教育集团

财务管理练习册

樊聪／主编　　梁维　冯玉佩／副主编

李敏／主　审

图书在版编目(CIP)数据

财务管理练习册 / 樊聪主编. —上海：立信会计出版社，2023.7(2025.1重印)
ISBN 978-7-5429-7387-0

Ⅰ. ①财… Ⅱ. ①樊… Ⅲ. ①财务管理－习题集 Ⅳ. ①F275-44

中国国家版本馆 CIP 数据核字(2023)第 126297 号

策划编辑　　王斯龙
责任编辑　　王斯龙
美术编辑　　吴博闻

财务管理练习册
CAIWU GUANLI LIANXICE

出版发行	立信会计出版社
地　　址	上海市中山西路 2230 号　　邮政编码　200235
电　　话	(021)64411389　　传　　真　(021)64411325
网　　址	www.lixinaph.com　　电子邮箱　lixinaph2019@126.com
网上书店	http://lixin.jd.com　　http://lxkjcbs.tmall.com
经　　销	各地新华书店
印　　刷	浙江临安曙光印务有限公司
开　　本	787 毫米×1092 毫米　　1/16
印　　张	8.5
字　　数	143 千字
版　　次	2023 年 7 月第 1 版
印　　次	2025 年 1 月第 2 次
书　　号	ISBN 978-7-5429-7387-0/F
定　　价	28.00 元

如有印订差错,请与本社联系调换

前　　言

本书是《财务管理》教材的配套练习册，主要由知识训练和技能训练组成，其中知识训练的题型有单项选择题、多项选择题、判断题、名词解释、简答题、论述题等；技能训练主要为计算类的大题。本书紧扣教材内容，题量丰富，内容完整，由浅入深，由易到难，便于广大教师教学，也便于学生边学边练，提高学生的学习兴趣，增强学生的实践操作能力。

在编写过程中，作者充分学习、吸收和运用了有关专家学者、前辈的研究成果和教学改革成果，在对教材《财务管理》的重点和难点进行归纳阐述的基础上，提供了大量的练习题，内容设计切实考虑中高职贯通及高职大数据与会计、财务管理等专业学生的实际情况和专业知识需求及技能要求，全方位考察学生学习成果，及时查缺补漏。

本书由樊聪担任主编。本书的具体编写分工如下：樊聪负责编写第五章、第六章；梁维负责编写第一章、第三章；冯玉佩负责编写第二章、第四章；秦岚负责编写第七章；周建国负责编写第八章。

尽管作者花了大量时间和心血，也难免会有不足之处，恳请广大教师和学生提出批评意见，以便今后不断修改和完善。

编者

2023 年 7 月

目　录

第一章　总论 …………………………………………………………… 001
　　知识训练 ………………………………………………………… 001

第二章　财务管理基础 ………………………………………………… 008
　　知识训练 ………………………………………………………… 008
　　技能训练 ………………………………………………………… 016

第三章　预算管理 ……………………………………………………… 038
　　知识训练 ………………………………………………………… 038
　　技能训练 ………………………………………………………… 044

第四章　筹资管理 ……………………………………………………… 050
　　知识训练 ………………………………………………………… 050
　　技能训练 ………………………………………………………… 059

第五章　投资管理 ……………………………………………………… 071
　　知识训练 ………………………………………………………… 071
　　技能训练 ………………………………………………………… 082

第六章　流动资产运营管理 ··· 090
　　知识训练 ··· 090
　　技能训练 ··· 098

第七章　利润分配与管理 ··· 103
　　知识训练 ··· 103
　　技能训练 ··· 110

第八章　财务分析 ··· 114
　　知识训练 ··· 114
　　技能训练 ··· 124

第一章 总 论

知识训练

一、单项选择题

1. 下列各项中,不属于合伙企业特点的是( )。

   A. 由两个或两个以上的自然人订立合伙协议设立

   B. 设立程序复杂、设立费用高

   C. 每个普通合伙人对企业债务须承担无限、连带责任

   D. 较难从外部获得大量资金用于经营

2. 下列各财务管理目标理论中,以实现利润最大为目标的是( )。

   A. 利润最大化　　　　　　　B. 股东财富最大化

   C. 企业价值最大化　　　　　D. 相关者利益最大化

3. 下列各项中,不属于股东财富最大化目标优点的是( )。

   A. 考虑了风险因素

   B. 在一定程度上能避免企业短期行为

   C. 有利于量化非上市公司的股东财富

   D. 对上市公司而言,股东财富最大化目标比较容易量化,便于考核和奖惩

4. 从财务管理的角度看,企业价值是指( )。

   A. 企业所能创造的预计未来现金流量的现值

   B. 账面资产的总价值

   C. 企业所有者权益和债权人权益的账面价值

   D. 当前企业所能创造的价值

5. 下列各项中,不属于企业相关者利益最大化财务管理目标特点的是(　　)。

   A. 有利于企业长期稳定发展

   B. 体现了合作共赢的价值理念,有利于实现企业经济效益和社会效益的统一

   C. 体现了前瞻性和现实性的统一

   D. 这一目标没有兼顾各利益主体的利益

6. 下列方式中,不能用于协调所有者与债权人之间矛盾的是(　　)。

   A. 市场对公司强行接收或吞并

   B. 债权人通过合同实施限制性借款

   C. 债权人停止借款

   D. 债权人收回借款

7. 下列方式中,不能用于协调企业所有者与经营者矛盾的是(　　)。

   A. 解聘　　　　　　　　　　B. 接受

   C. 激励　　　　　　　　　　D. 停止借款

8. 财务管理的核心是(　　)。

   A. 财务规划与预测　　　　　B. 财务决策

   C. 财务预算　　　　　　　　D. 财务控制

9. (　　)是指根据企业财务活动的历史资料,考虑现实的要求和条件,对企业未来的财务活动做出较为具体的预计和测算过程。

   A. 财务预测　　　　　　　　B. 财务计划

   C. 财务预算　　　　　　　　D. 财务决策

10. 下列各项中,不属于财务管理的外部环境因素是(　　)。

    A. 经济环境　　　　　　　　B. 法律环境

    C. 金融环境　　　　　　　　D. 企业管理体制

二、多项选择题

1. 下列各项中,属于公司制企业优点的有(　　)。

   A. 容易转让所有权

   B. 承担有限债务责任

   C. 容易筹集所需资金

   D. 组建成本低

2. 下列各项中,属于利润最大化目标优点的有(　　)。

   A. 利润可以直接反映企业创造的剩余产品的多少

   B. 考虑了资金时间价值

   C. 有利于企业资源的合理配置,有利于企业整体经济效益的提高

   D. 反映了创造的利润与投入的资本之间的关系

3. 下列各项中,属于利润最大化目标缺陷的有(　　)。

   A. 没有考虑利润实现时间和资金的时间价值

   B. 没有考虑风险问题

   C. 没有反映创造的利润与投入的资本之间的关系

   D. 可能导致企业短期财务决策倾向,影响企业长远发展

4. 下列财务管理目标中,既考虑了投资风险,又利于克服管理上的片面性和短期行为特点的有(　　)。

   A. 利润最大化 B. 股东财富最大化

   C. 企业价值最大化 D. 相关者利益最大化

5. 以股东财富最大化作为财务管理目标存在的问题有(　　)。

   A. 非上市公司难于应用

   B. 股价受众多因素的影响,股价不能完全准确反映企业财务管理状况

   C. 它强调的更多的是股东利益,而对其他相关者的利益重视不够

   D. 依然没有考虑风险的因素

6. 以相关者利益最大化作为财务管理目标的优点有(　　)。

   A. 有利于企业长期稳定发展

   B. 体现了合作共赢的价值理念

   C. 较好兼顾了各利益主体的利益

   D. 体现了前瞻性和现实性的统一

7. 下列各项中,不属于相关者利益最大化财务管理目标缺点的有(　　)。

   A. 不能够克服企业在追求利润上的短期行为

   B. 没有考虑风险和报酬的关系

   C. 没有考虑取得报酬的时间

   D. 不利于企业长期稳定发展

8. 为了协调所有者与经营者利益冲突,通常可采取的解决方式有(　　)。
   A. 解聘　　　　　　　　　　　　B. 接收
   C. 股票期权　　　　　　　　　　D. 绩效股

9. 财务预测的方法主要包括(　　)。
   A. 定性预测　　　　　　　　　　B. 定量预测
   C. 平衡法　　　　　　　　　　　D. 线性规划法

10. 财务管理环境主要包括(　　)。
    A. 技术环境　　　　　　　　　　B. 经济环境
    C. 金融环境　　　　　　　　　　D. 法律环境

三、判断题

(　)1. 公司制企业具有容易转让所有权、融资渠道较多,容易筹集所需资金等优点。

(　)2. 财务管理目标中的利润最大化目标有利于企业资源的合理配置,有利于企业整体经济效益的提高。

(　)3. 在某公司财务目标研讨会上,张经理主张"贯彻合作共赢的价值理念,做大企业的财富蛋糕",这种观点体现的是利润最大化财务管理目标。

(　)4. 企业价值最大化考虑了取得报酬的时间,但是没有考虑风险与报酬的关系。

(　)5. 收回借款或停止借款是协调所有者与经营者之间矛盾的方法。

(　)6. 在利益冲突协调中,所有者与经营者的利益冲突协调方法主要有:解聘、接收和激励。

(　)7. 财务预算是财务管理的核心,预算的准确与否直接关系到企业的兴衰成败。

(　)8. 财务管理的发展水平和经济发展水平密切相关,经济发展水平越高,财务管理水平也越高。

(　)9. 财务管理的技术环境,是指对财务管理得以实现的技术手段和技术条件,它决定着财务管理的效率和效果。

(　)10. 财务管理环境是指对企业财务活动和财务管理产生影响作用的企业外部各种条件的统称。

四、名词解释

1. 企业

2. 个人独资企业

3. 合伙企业

4. 公司

5. 财务管理

五、简答题

1. 简述企业财务关系的种类。

2. 简述财务管理的环境。

六、论述题

论述财务管理的目标。

第二章 财务管理基础

知识训练

一、单项选择题

1. 如果在年利率为5%、单利计息的情况下,甲某现在存入银行40 000元,5年后能拥有(　　)元。

   A. 50 000　　　　　　　　　　B. 40 000

   C. 39 176.31　　　　　　　　　D. 47 500

2. 甲某4年后需用资金48 000元,假定银行4年期存款年利率为5%,则在单利计息情况下,目前需存入的资金为(　　)元。

   A. 40 000　　　　　　　　　　B. 29 803.04

   C. 39 729.6　　　　　　　　　 D. 31 500

3. 袁勇拟存入一笔资金以备3年后使用,3年后需用的资金总额为34 500元。假定银行3年期存款年利率为5%,则在单利计息的情况下,目前袁勇需存入的资金为(　　)元。

   A. 30 000　　　　　　　　　　B. 29 803.04

   C. 32 857.14　　　　　　　　　D. 31 500

4. 在银行年利率为4%的情况下,将100 000元存入银行,10年后按复利计息可以从银行取得(　　)元。

   A. 140 000　　　　　　　　　　B. 148 024.43

   C. 120 000　　　　　　　　　　D. 150 000

5. A公司向银行借入200万元,期限为5年,每年年末需要向银行还本付息50万元。已知:$(P/A,7\%,5)=4.1002$,$(P/A,8\%,5)=3.9927$,则该项借款的利率为( )。

A. 7.093% B. 6.725%

C. 6.930% D. 7.932%

6. 企业年初借得 50 000 元贷款,需要在 10 年内等额偿还,年利率为 12%,已知:$(P/A,12\%,10)=5.6502$,则每年年初应付金额为( )元。

A. 8 849 B. 5 000

C. 6 000 D. 7 901

7. 一定时期内,每期期初等额收付的系列款项是( )。

A. 预付年金 B. 永续年金

C. 递延年金 D. 普通年金

8. 某高校拟建立一项基金,每年年初投入 100 000 元,年利率为 10%。已知:$(F/A,10\%,5)=6.1051$,$(F/A,10\%,6)=7.7156$,则 5 年后该项基金的本利和为( )元。

A. 671 560 B. 564 100

C. 871 560 D. 610 510

9. A 方案在 3 年中每年年初付款 100 元,B 方案在 3 年中每年年末付款 100 元,年利率为 10%。已知$(F/A,10\%,3)=3.31$,则在第三年年末时 A、B 方案的终值相差( )元。

A. 33.1 B. 31.3

C. 133.1 D. 13.31

10. 有一项年金,前 3 年无流入,后 5 年每年年初流入 500 元,年利率为 10%。已知:$(P/A,10\%,2)=1.7355$,$(P/A,10\%,5)=3.7908$,$(P/A,10\%,7)=4.8684$,$(P/F,10\%,2)=0.8264$,则这项年金的现值为( )元。

A. 1 994.59 B. 1 566.45

C. 1 813.48 D. 1 423.21

11. 永续年金的现值可以看成是一个 n 无穷大时( )的现值。

A. 普通年金 B. 预付年金

C. 递延年金 D. 复利

12. 某慈善基金会决定建立赞助孤儿的行动基金,现准备存入一笔现金,预计以后无限期地在每年年末支取利息 20 000 元用来发放孤儿基金。在存款年利率为 10％的条件下,现在应存入(　　)元。

    A. 250 000　　　　　　　　　　B. 200 000

    C. 215 000　　　　　　　　　　D. 300 000

13. 向银行借款 100 万元,年利率为 10％,半年复利计息一次,则该项借款的实际利率为(　　)。

    A. 10％　　　　　　　　　　　B. 10.50％

    C. 11％　　　　　　　　　　　D. 10.25％

14. 已知甲方案投资收益率的期望值为 15％,乙方案投资收益率的期望值为 12％,两个方案都存在投资风险。比较甲、乙两方案风险大小应采用的指标是(　　)。

    A. 方差　　　　　　　　　　　B. 净现值

    C. 标准离差　　　　　　　　　D. 标准离差率

15. 某企业有 A、B 两个投资项目:项目 A 的期望投资收益率为 10％,标准离差为 12％;项目 B 的期望投资收益率为 15％,标准离差为 8％。则下列结论中正确的是(　　)。

    A. A 项目优于 B 项目

    B. A 项目的风险小于 B 项目

    C. A 项目的风险大于 B 项目

    D. 无法评价 A、B 项目的风险大小

二、多项选择题

1. 在复利计息方式下,影响利息大小的因素主要包括(　　)。

    A. 计息频率　　　　　　　　　B. 资金额

    C. 期限　　　　　　　　　　　D. 利率

2. 按照支付的次数和支付的时间不同,年金可分为(　　)。

    A. 普通年金　　　　　　　　　B. 预付年金

    C. 递延年金　　　　　　　　　D. 永续年金

3. 永续年金的特点包括(　　)。

A. 没有终值 B. 期限趋于无穷大

C. 只有现值 D. 每期等额收付

4. 下列关于年金特点的说法中,正确的有( )。

   A. 每次发生的金额必须相等,但每次发生的时间间隔可以不同

   B. 每次发生的金额可以不相等,但每次发生的时间间隔必须相同

   C. 每次发生的金额相等

   D. 每次发生的时间间隔相同

5. 普通年金终值系数表的用途有( )。

   A. 已知年金求终值 B. 已知终值求年金

   C. 已知现值求终值 D. 已知终值和年金求利率

6. 下列各项中,可以用来衡量风险大小的指标有( )。

   A. 标准差 B. 标准离差率

   C. 无风险报酬率 D. 期望值

7. 下列关于资产收益率的说法中,正确的有( )。

   A. 实际收益率表示已经实现或者确定可以实现的资产收益率

   B. 预期收益率是预测的资产未来可能实现的收益率

   C. 必要收益率也称最低必要报酬率或最低要求的收益率

   D. 必要收益率由无风险收益率和风险收益率构成

8. 某债券的面值为 1 000 元,每半年发放 40 元的利息,那么下列说法正确的有( )。

   A. 半年的利率为 4%

   B. 年票面利率为 8%

   C. 年实际利率为 8%

   D. 年实际利率为 8.16%

9. 现有两个投资项目甲和乙,已知甲、乙方案的期望值分别为 20%、25%,标准离差分别为 40%、64%。则下列结论不正确的有( )。

   A. 甲方案的风险程度大于乙方案的风险程度

   B. 甲方案的风险程度小于乙方案的风险程度

   C. 乙方案优于甲方案

   D. 甲方案优于乙方案

10. 甲项目的确定报酬率为10%,乙项目的报酬率有两种可能:一是有50%的可能性获得30%的报酬率,二是有50%的可能性亏损10%。则下列说法正确的有(   )。

   A. 乙项目的期望报酬率为10%

   B. 甲项目的风险小于乙项目

   C. 投资者绝不可能选择乙项目

   D. 投资乙项目获得的实际报酬可能大大超过甲项目

三、判断题

(   )1. 即使只有一笔款项的发生额不相等,该系列款项也能称为年金。

(   )2. 普通年金现值系数加1等于同期、同利率的预付年金现值系数。

(   )3. 在现值及期限一定的情况下,利率越高,终值越大;在终值及期限一定的情况下,利率越高,现值越小。

(   )4. 递延年金终值的大小与递延期无关,故其计算方法和普通年金终值相同。

(   )5. 普通年金是指从第一期起,在一定时期内每期期初等额收付的系列款项。

(   )6. 随着折现率的降低,未来某一款项的现值将逐渐增大,终值将逐渐减小。

(   )7. 递延年金有终值,且终值的大小与递延期是有关的,在其他条件相同的情况下,递延期越长,则递延年金的终值越大。

(   )8. 预付年金与普通年金的区别仅在于收付时间的不同,普通年金发生在期初,而预付年金发生在期末。

(   )9. 通常情况下,用收益率的方式来表示资产的收益。

(   )10. 在证券资产组合中资产数目较少时,增加资产的个数,分散风险的效应会比较明显,但资产数目增加到一定程度时,风险分散的效应就会逐渐减弱。

(   )11. 实际收益率表示已经实现或者确定可以实现的资产收益率,当存在通货膨胀时,还应当加上通货膨胀率的影响,才是真实的收益率。

(   )12. 从财务管理的角度看,风险就是企业在各项财务活动过程中,由于各种难以预料或无法控制的因素作用,使企业的实际收益与预计收益发生背离,从而蒙受经济损失的可能性。

(   )13. 由于风险可能会给企业的生产经营带来超出预期的损失,所以,在财务管理中,风险越小越好。

(　　)14. 风险的存在导致报酬率不确定,所以,企业在财务管理中,一定要选择风险小的项目。

(　　)15. 对于多个投资方案而言,无论各方案的期望值是否相同,标准离差率最大的方案一定是风险最大的方案。

(　　)16. 风险收益率越高,投资收益率越小。

四、名词解释

1. 货币时间价值

2. 终值

3. 现值

4. 复利

5. 年金

6. 风险

7. 期望值

8. 标准差

9. 标准差率

五、简答题

1. 年金的类型有哪些？

2. 资产收益率的类型有哪些？

六、论述题

论述资本资产定价模型。

 技能训练

1. 【目的】 练习单利终值的计算。

   【资料】 将 10 000 元存入银行,按单利计算,年利率为 4%。

   【要求】 计算 1 年后本利和。

2. 【目的】 练习单利终值的计算。

   【资料】 将 20 000 元投资债券,按单利计算,年利率为 5%。

   【要求】 计算第五年年末能收回的资金。

3. 【目的】 练习单利终值的计算。

   【资料】 某企业有一张单利带息期票,面额为 12 000 元,票面年利率为 4%,出票日期为 6 月 15 日,8 月 14 日到期(60 天)。

   【要求】 计算期票到期出票人应付的本利和。

4. 【目的】 练习单利现值的计算。

   【资料】 如果在年利率为 10%,单利计息的情况下,希望 10 年后能拥有 50 万元。

   【要求】 计算目前需存入的资金。

5.【目的】 单利计息的综合练习。

【资料】 某人拟购置房产,开发商提出两个方案:方案一是现在一次性支付80万元;方案二是5年后支付100万元,目前的年利率为7%,按单利计息。

【要求】 通过计算选择一个较优的方案。

6.【目的】 单利计息的综合练习。

【资料】 某公司2015年年末投资200 000元,该项目2017年年末完工,2018年~2022年期间,每年年末获得的收益分别为40 000元、50 000元、70 000元、80 000元和100 000元,银行存款年利率(单利)为2%。

【要求】 以2017年年末为标准时点,判断该项目实际是否盈利。

7. 【目的】 练习复利终值的计算。

【资料】 假定某公司将从留存盈余中提出 50 000 元,存入银行,若年利率为 4%,准备在 3 年后购买一台机器。

【要求】 计算 3 年期满按复利计算的本利和。

8. 【目的】 对比单利与复利的终值。

【资料】 某人年初存入一笔 25 万元的存款,年利率为 10%。

【要求】 分别计算单利和复利的情况下 10 年后的本利和。

9. 【目的】 练习复利现值的计算。

【资料】 甲公司拟投资一个项目,期望在第六年年末使原投入的资金价值达到5 000万元,假定该项目的投资报酬率为12%。

【要求】 计算在复利计息的情况下,甲公司现在应投入的资金数额。

10. 【目的】 练习复利现值的计算。

【资料】 小明拟在6年后获得本利和100 000元,用于支付房款,年利率为6%。

【要求】 计算在复利计息的情况下,小明现在应存入银行的金额。

11. 【目的】 练习利率的计算。

    【资料】 小明现有1200元,欲在19年后使其达到原来的3倍。

    【要求】 计算选择投资机会时最低可接受的报酬率。

12. 【目的】 练习利率的计算。

    【资料】 张某往银行存入5万元,20年后这笔款项连本带利达到25万元。

    【要求】 计算银行存款的年利率。

13. 【目的】 复利计息的综合练习。

　　【资料】 某人拟购置房产，开发商提出两个方案：方案一是现在一次性支付 80 万元；方案二是 5 年后支付 100 万元。目前的利率为 7%，复利计息。

　　【要求】 通过计算选择较优的方案。

14. 【目的】 练习普通年金终值的计算。

　　【资料】 某轮胎集团希望在 7 年后购买一台价值 240 000 元的设备，从现在起，准备每年年末在某金融机构存入 30 000 元，假定存款利率为 10%。

　　【要求】 通过计算判断 7 年后能否用存款的本利和购买该设备。

15. 【目的】 练习普通年金终值的计算。

    【资料】 某家庭计划在今后 5 年内每年年末存入银行 5 000 元,年利率为 5%。

    【要求】 计算第五年年末可获得的金额。

16. 【目的】 练习普通年金终值的计算。

    【资料】 老李今年贷款买了一套房子,每年年末付款 20 000 元,20 年内付清,银行借款年利率为 6%。

    【要求】 计算这笔房款的终值。

17. 【目的】 练习普通年金现值的计算。

【资料】 某公司 A 项目 2018 年年初建成投产，2018 年、2019 年、2020 年、2021 年、2022 年年末预期收益均为 30 000 元，银行存款年利率为 4%。

【要求】 计算 2018 年起各年年末预期收益的现值。

18. 【目的】 普通年金的综合练习。

【资料】 新创广告公司准备购置一辆面包车接送员工，购价为 200 000 元，可使用 8 年，期满无残值。购置该面包车每年可节约员工交通费 45 000 元，折现率为 12%。

【要求】 通过计算判断是否应该购置面包车。

19. 【目的】 练习普通年金现值的计算。

【资料】 假定 A 公司准备购买电脑,银行年利率为 4%,现有两个方案可供选择。

方案一:向甲公司购入,可分 4 年付款,每年年末付 50 000 元。

方案二:向乙公司购入,一次付清,需付款 170 000 元。

【要求】 通过比较两个方案的现值,判断哪个方案较优。

20. 【目的】 练习普通年金现值的计算。

【资料】 钱小姐最近准备买房,看了好几家开发商的售房方案,其中一个方案是 A 开发商出售一套 100 平方米的住房,要求首期支付 100 万元,然后分 6 年每年年末支付 30 万元。此套房同地区的市场价格为 20 000 元/平方米,贷款利率为 6%。

【要求】 计算该分期付款方案的现值。

21. 【目的】 练习普通年金终值的计算。

【资料】 王某准备现在为刚刚出生的孩子买一份人寿保险,需要缴纳保险金1万元,保险公司承诺在60年后,也就是在孩子60岁的时候,一次性返还给王某孩子10万元。已知:$(F/P, 5\%, 60)=18.679$。

【要求】 在存款年利率为复利5%的情况下,通过计算判断这种保险是否值得买。

22. 【目的】 年金的综合练习。

【资料】 A矿业公司决定将其一处矿产开采权公开拍卖,因此向世界各国煤炭企业招标开矿。已知甲公司和乙公司的投标书最具有竞争力,同期贷款年利率为15%。

甲公司的投标书显示,如果该公司取得开采权,从获得开采权的第一年年末开始,每年年末向A矿业公司支付10亿美元的开采费,直到10年后开采结束。

乙公司的投标书显示,如果该公司取得开采权,则在取得开采权时直接向A矿业公司支付40亿美元,在8年后开采结束,再支付60亿美元。

【要求】 通过计算判断应接受哪个公司的投标。

23. 【目的】 练习普通年金的计算。

【资料】 甲公司全部用银行贷款投资兴建一个工程项目,总投资额为 5 000 万元,假设银行贷款利率为 16%。该工程当年建成投产,投产后,分 8 年每年年末等额归还银行借款。

【要求】 计算每年年末应还的金额。

24. 【目的】 练习预付年金终值的计算。

【资料】 乙某从 2018 年年初开始,连续 5 年每年年初存入银行 2 万元,银行存款年利率为 4%,按年复利计息。

【要求】 计算在 2022 年年末可以取出的金额。

25. 【目的】 练习预付年金终值的计算。

【资料】 为了给儿子上大学准备资金,王女士连续6年每年年初存入银行5 000元,银行的存款利率为5%。

【要求】 计算王女士在第六年年末可以得到的本利和。

26. 【目的】 练习预付年金现值的计算。

【资料】 某企业出租设备一套,每年年初可收到租金40 000元,银行存款利率为4%。

【要求】 计算6年后该笔租金的本利和。

27. 【目的】 练习预付年金现值的计算。

【资料】 某企业分期付款购买设备一台,预计每年年初需付款 40 000 元,6 年付清,银行贷款年利率为 4%。

【要求】 计算该分期付款方案的现值。

28. 【目的】 练习预付年金现值的计算。

【资料】 某企业租用一设备,在 10 年中每年年初要支付租金 5 000 元,年利息率为 8%。

【要求】 计算该租金支付方案的现值。

29. 【目的】 练习预付年金的计算。

【资料】 某企业年初借得 50 000 元贷款，分 10 年等额偿还，年利率 12%。

【要求】 计算每年年初应付的金额。

30. 【目的】 年金的综合练习。

【资料】 甲公司拟在 5 年内(2012～2016 年)向某金融机构等额存入若干元本金，以便在以后的 4 年内(2017～2020 年)每年年末从该金融机构等额获取 20 000 元本利和。假定存款年利息率(复利)，为 5%。已知：$(P/A, 5\%, 4) = 3.5460, (F/A, 5\%, 5) = 5.5256$。

【要求】

(1) 计算甲公司 4 年间(2017～2020 年)从该金融机构获取的所有本利和相当于 2017 年年初的价值合计。

(2) 如果甲公司在 5 年内(2012～2016 年)于每年年末存款，每年年末应存入多少本金？

(3) 如果甲公司在 5 年内(2012～2016 年)于每年年初存款，每年年初应存入多少本金？

31. 【目的】 练习递延年金现值的计算。

【资料】 某公司准备开发一种新产品,该新产品的寿命周期为 10 年。项目投产后前 3 年无净收益,后 7 年每年年末获净收益 10 000 元,年报酬率为 10%。

【要求】 计算该项目预计各年净收益的现值。

32. 【目的】 练习递延年金现值的计算。

【资料】 某公司有一个项目,预计从第四年起每年年末收益 150 万元,可连续维持 9 年,假设年利率为 6%。

【要求】 计算该项收益的现值。

33. 【目的】 练习递延年金现值的计算。

【资料】 某投资项目于 2016 年年末动工,2021 年年末建成投产,预计从 2022 年起 8 年内每年年末可获得收益 50 000 元,年利率为 10%。

【要求】 计算未来 8 年的收益在 2016 年年末的现值。

34. 【目的】 年金的综合练习。

【资料】 某公司拟购置一处房产,房主提出两种付款方案:

(1) 从现在起,每年年初支付 200 万元,连续付 10 次,共 2 000 万元。

(2) 从第五年开始,每年年初支付 250 万元,连续支付 10 次,共 2 500 万元。

假设该公司的资本成本率(即最低报酬率)为 10%。

【要求】 通过计算判断该公司应选择哪个方案。

35. 【目的】 练习递延年金现值的计算。

【资料】 某公司拟开发一个投资项目,现在投产后可以使用10年,每年年末收益4万元,年收益率为10%。

【要求】 如果该项目因故施工期延后5年,其他条件不变,计算该项目的损失。

36. 【目的】 练习永续年金现值的计算。

【资料】 归国华侨吴先生想支持家乡建设,特地在祖籍所在县设立奖学金。奖学金每年发放一次,奖励每年高考的文理科状元各10 000元。吴先生将该笔奖励基金存入中国银行该县支行,银行1年的定期存款利率为2%。

【要求】 计算吴先生需存入银行的金额。

37. 【目的】 练习货币时间价值的计算。

【要求】 完成下列计算：

(1) 将 10 000 元现金存入银行，若利率为 12%，每年复利一次，5 年后的复利终值是多少？

(2) 将 10 000 元现金存入银行，若利率为 12%，每 3 个月复利一次，5 年后的复利终值是多少？

(3) 年利率 12%，每年复利一次，10 年后 10 000 元的复利现值是多少？

(4) 年利率 12%，每半年复利一次，10 年后 10 000 元的复利现值是多少？

(5) 年利率 12%，每半年复利一次，其实际利率是多少？

(6) 年利率 12%，若每季度复利一次，其实际利率是多少？

38. 【目的】 练习风险的衡量。

【资料】 现有 A、B 两个投资项目,投资额均为 10 000 元,其收益率的概率分布如表 2-1 所示。

表 2-1　　　　　　　　　A、B 项目收益率的概率分布　　　　　　　　　金额单位:元

概率	A 项目收益额	B 项目收益额
0.2	2 000	3 500
0.5	1 000	1 000
0.3	500	−500

【要求】 计算 A、B 两个项目的期望收益值 E、标准差 σ 和标准离差率 V,并比较两个项目的风险大小。

39. 【目的】 练习收益与风险的衡量。

【资料】 华大公司现有甲、乙两个投资项目,其投资报酬情况与市场销售状况密切相关。相关资料如表 2-2 所示。

表 2-2　　　　　　　　　甲、乙投资项目的相关资料

市场销售情况	概率	甲项目报酬率	乙项目报酬率
很好	30%	30%	20%
一般	50%	10%	10%
很差	20%	−15%	5%

【要求】

(1) 计算甲项目的期望报酬率、标准差和标准离差率。

(2) 计算乙项目的期望报酬率、标准差和标准离差率。

(3) 假定华大公司规定,任何投资项目的期望报酬率都必须在 10% 以上,且标准离差率不得超过 1,此时应该选择哪个投资项目。

40. 【目的】 练习资本资产定价模型的计算。

【资料】 现行国库券的利率为 5%,证券市场组合平均收益率为 15%,市场上 A、B、C、D 四种股票的 β 系数分别为 0.91、1.17、1.8 和 0.52;B、C、D 三种股票的必要收益率分别为 16.7%、23% 和 10.2%。

【要求】

(1) 采用资本资产定价模型计算 A 股票的必要收益率。

(2) 计算 B 股票价值,为拟投资该股票的投资者做出是否投资的决策,并说明理由。假定 B 股票当前每股市价为 15 元,最近一期发放的每股股利为 2.2 元,预计年股利增长率为 4%。

(3) 计算 ABC 投资组合的 β 系数和必要收益率。假定投资者购买 A、B、C 三种股票的比例为 1∶3∶6。

(4) 已知按 3∶5∶2 的比例购买 A、B、D 三种股票,所形成 ABD 投资组合的 β 系数为 0.96,该组合的必要收益率为 14.6%;如果不考虑风险大小,请在 ABC 和 ABD 两种投资组合中做出投资决策,并说明理由。假设资本资产定价模型成立。

41.【目的】 练习资本资产定价模型的计算。

【资料】 有关三家公司证券、市场组合和无风险资产的数据如表 2-3 所示。

表 2-3　　　　　　　　三家公司证券的相关数据

证券	预期收益率	标准差	与市场组合的相关系数	贝塔系数
甲公司	13%	0.38	A	0.9
乙公司	18%	B	0.4	1.1
丙公司	25%	0.65	0.35	C
市场组合	15%	0.20	D	E
无风险资产	5%	F	G	H

【要求】

(1) 计算表 2-3 中字母所代表的数字。

(2) 对甲、乙、丙三家公司的股票提出投资建议。

(3) 如果甲公司的股票预计明年的每股股利为 2 元,未来股利增长率为 4%,计算甲公司的股票价值。

第三章 预算管理

知识训练

一、单项选择题

1. (　　)是指企业在预测、决策的基础上,以数量和金额的形式反映企业未来一定时期内经营、投资、财务等活动的具体计划,为实现企业目标而对各种资源和企业活动做详细安排。

   A. 预算　　　　　　　　　　B. 筹资

   C. 投资　　　　　　　　　　D. 分析与评价

2. 能直接反映相关决策的结果,是实际中已选方案的进一步规划的预算是(　　)。

   A. 业务预算　　　　　　　　B. 全面预算

   C. 专门决策预算　　　　　　D. 财务预算

3. 下列预算中,不属于业务预算内容的是(　　)。

   A. 销售预算　　　　　　　　B. 生产预算

   C. 制造费用预算　　　　　　D. 投资支出预算

4. 企业在计划期内反映有关预计现金收支、财务状况和经营成果的预算是(　　)。

   A. 业务预算　　　　　　　　B. 专门决策预算

   C. 财务预算　　　　　　　　D. 全面预算

5. 对企业预算的管理工作负总责的是(　　)。

   A. 董事会　　　　　　　　　B. 预算管理委员会

C. 财务管理部门　　　　　　　　D. 各职能部门

6. 根据预算期内正常的、可实现的某一固定业务量水平作为唯一基础来编制的预算方法是（　　）。

   A. 弹性预算法　　　　　　　　B. 固定预算法
   C. 增量预算法　　　　　　　　D. 定期预算法

7. 以基期成本费用水平为基础，结合预算期业务量水平及有关降低成本的措施，通过调整有关费用项目而编制预算的方法是（　　）。

   A. 固定预算法　　　　　　　　B. 增量预算法
   C. 零基预算法　　　　　　　　D. 定期预算法

8. 下列各项中，可能导致无效费用开支项目无法得到有效控制的预算方法是（　　）。

   A. 固定预算法　　　　　　　　B. 增量预算法
   C. 定期预算法　　　　　　　　D. 滚动预算法

9. 企业整个预算的编制起点是（　　）。

   A. 直接材料预算　　　　　　　B. 生产预算
   C. 销售预算　　　　　　　　　D. 产品成本预算

10. 企业调整预算，应当由预算执行单位逐级向（　　）提出报告。

    A. 预算管理委员会　　　　　　B. 董事会
    C. 股东会　　　　　　　　　　D. 监事会

二、多项选择题

1. 下列各项中，属于预算最主要特征的有（　　）。

   A. 数量化　　　　　　　　　　B. 标准化
   C. 可执行性　　　　　　　　　D. 可监督性

2. 按照内容不同，可以将企业预算分为（　　）。

   A. 经营预算　　　　　　　　　B. 专门决策预算
   C. 全面预算　　　　　　　　　D. 财务预算

3. 下列各项中，属于业务预算内容的有（　　）。

   A. 资本支出预算　　　　　　　B. 生产预算
   C. 管理费用预算　　　　　　　D. 销售预算

4. 相对于固定预算而言,弹性预算的主要特点有（　　）。
   A. 稳定性强　　　　　　　　　　B. 预算范围宽
   C. 持续性强　　　　　　　　　　D. 便于预算执行的评价与考核

5. 下列各项中,属于增量预算编制方法编制时应遵循的假定有（　　）。
   A. 一切以零为出发点
   B. 建立在成本习性分类的基础上
   C. 企业现有的业务活动是合理的
   D. 企业现有各项业务的开支水平是合理的

6. 与零基预算相比,增量预算的缺点有（　　）。
   A. 编制工作量大　　　　　　　　B. 可能会造成预算上的浪费
   C. 不必要开支合理化　　　　　　D. 无效费用得不到有效控制

7. 现金预算是以业务预算和专门决策预算为依据编制的,主要由（　　）构成。
   A. 可供使用现金　　　　　　　　B. 现金支出
   C. 现金余缺　　　　　　　　　　D. 现金筹措与运用

8. 下列各项中,会对预计资产负债表中存货金额产生影响的有（　　）。
   A. 管理费用预算　　　　　　　　B. 销售费用预算
   C. 生产预算　　　　　　　　　　D. 产品成本预算

9. 下列项目中,可以单独列示在现金预算表中的有（　　）。
   A. 经营现金收入　　　　　　　　B. 直接材料采购
   C. 资本化利息支出　　　　　　　D. 分配股利

10. 预算工作的组织包括（　　）。
    A. 决策层　　　　　　　　　　　B. 管理层
    C. 执行层　　　　　　　　　　　D. 考核层

三、判断题

（　　）1. 预算是一种可据以执行和控制经济活动的最为具体的计划,是对目标的具体化,是将企业活动导向预定目标的有力工具。

（　　）2. 全面预算体系的最后环节是专门决策预算。

（　　）3. 根据预算内容的不同,总预算可以分为业务预算、专门决策预算和财务预算。

(　　)4. 企业所属基层单位是企业预算的基本单位。

(　　)5. 增量预算是依据业务量、成本和利润之间的联动关系，按照预算期内可能的一系列业务量水平编制系列预算的方法。

(　　)6. 编制弹性预算可以采用列表法，其优点是便于在一定范围内计算任何业务量的预算成本，可比性和适应性强。

(　　)7. 运用零基预算法编制预算，需要对不可延缓费用逐项进行成本效益分析。

(　　)8. 当现金余缺大于期末现金余额时，应将超过期末余额以上的多余现金进行投资；当现金余缺小于期末现金余额时，应筹措现金，筹措的现金越多越好。

(　　)9. 企业应当建立预算分析制度，由董事会定期召开预算执行分析会议，全面掌握预算的执行情况，研究、解决预算执行中存在的问题，纠正预算的执行偏差。

(　　)10. 企业正式下达执行的财务预算，一般不予调整。

四、名词解释

1. 预算

2. 增量预算法

3. 零基预算法

4. 固定预算法

5. 弹性预算法

6. 定期预算法

7. 滚动预算法

8. 财务预算

五、简答题

1. 简述预算的分类。

2. 简述全面预算的编制程序。

六、论述题

阐述现金预算的编制方法。

 **技能训练**

1. 【目的】 练习销售预算的编制。

   【资料】 甲公司编制销售预算的相关资料如下:

   资料一:甲公司预计每季度销售收入中,有70%在本季度收到现金,30%于下一季度收到现金,不存在坏账。2021年年末应收账款余额为6 000万元。假设不考虑增值税及其影响。

   资料二:甲公司2022年的销售预算如表3-1所示。

   表3-1　　　　　　　　甲公司2022年的销售预算　　　　　　　金额单位:万元

项目	第一季度	第二季度	第三季度	第四季度	全年
预计销售量(万件)	500	600	650	700	2 450
预计单价(元/件)	30	30	30	30	30
预计销售收入	15 000	18 000	19 500	21 000	73 500
预计现金收入:					
上年应收账款	＊				＊
第一季度	＊	＊			＊
第二季度		(B)	＊		＊
第三季度			＊	(D)	＊
第四季度				＊	＊
预计现金收入合计	(A)	17 100	(C)	20 550	＊

   注:表内的"＊"为省略的数值

   【要求】

   (1) 确定表格中字母所代表的数值。

   (2) 计算2022年年末预计应收账款余额。

2. **【目的】** 练习现金预算的编制。

【资料】 某企业 2022 年有关预算资料如下:

(1) 预计该企业 3~7 月份的销售收入分别为 30 000 元、40 000 元、50 000 元、60 000 元、70 000 元。每月销售收入中,当月收到现金 30%,下月收到现金 70%。

(2) 各月直接材料采购成本按下一个月销售收入的 60% 计算。所购材料款于当月支付现金 50%,下月支付现金 50%。

(3) 预计该企业 4~6 月份的制造费用分别为 3 000 元、3 600 元、3 200 元,每月制造费用中包括折旧费 600 元。

(4) 预计该企业 4 月份购置固定资产需要现金 10 000 元。

(5) 企业在 3 月末有长期借款 14 000 元,利息率为 15%。

(6) 该企业在现金不足时,会向银行申请短期借款(为 1 000 元的整数倍);现金有多余时,会归还银行借款(为 1 000 元的整数倍)。借款在期初,还款在期末,借款年利率为 12%。

(7) 预计该企业期末现金余额的规定范围是 6 000~7 000 元,长期借款利息每季度末支付一次,短期借款利息还本时支付,其他资料见现金预算表,如表 3-2 所示。

表 3-2　　　　　　　　　　现金预算表　　　　　　　　　单位:元

月份	4	5	6
期初现金余额	6 000		
经营性现金收入			
可供使用现金			
经营性现金支出:			
直接材料采购支出			
直接工资支出	1 000	2 500	1 800
制造费用支出			
其他付现费用	700	800	650
预交所得税			7 000
资本性现金支出			
现金余缺			

(续表)

月份	4	5	6
支付利息			
取得短期借款			
偿还短期借款			
期末现金余额			

【要求】 根据以上资料,完成该企业 4~6 月份现金预算表的编制工作。

3. **【目的】** 练习预算表的综合编制。

【资料】 C 公司为增值税一般纳税人,购销业务适用的增值税税率为 13%,只生产一种产品。相关预算资料如下:

资料一:预计每个季度实现的销售收入(含增值税)均以赊销方式售出,其中 40% 在本季度内收到现金,其余 60% 要到下一季度收讫,假定不考虑坏账因素。部分与销售预算有关的数据如表 3-3 所示。

表 3-3　　　　　　部分与销售预算有关的数据　　　　　　单位:元

项目	第一季度	第二季度	第三季度	第四季度
预计销售收入	*	80 000	88 000	*
增值税销项税额	*	10 400	(D)	*
预计含税销售收入	79 100	(B)	*	101 700
期初应收账款	16 640	*	*	*
第一季度销售当期收现额	(A)			
第二季度销售当期收现额		(C)		
第三季度销售当期收现额			*	
第四季度销售当期收现额				(E)
经营现金收入合计	*	*	*	101 700

说明:表中"*"表示省略的数据。

资料二:预计每个季度所需要的直接材料(含增值税)均以赊购方式采购,其中 60% 于本季度内支付现金,剩余 40% 需要到下个季度付讫,假定不存在应付账款到期现金支付能力不足的问题。部分与直接材料采购预算有关的数据如表 3-4 所示。

表 3-4　　　　　　　部分与直接材料采购预算有关的数据　　　　　　　单位：元

项目	第一季度	第二季度	第三季度	第四季度
预计材料采购成本	48 000	*	52 000	*
增值税进项税额	*	(G)	6 760	*
预计含税采购金额合计	(F)	56 500	58 760	59 664
期初应付账款	8 000	*	(H)	*
第一季度采购当期支出额	*			
第二季度采购当期支出额		*		
第三季度采购当期支出额			35 256	
第四季度采购当期支出额				*
材料采购现金支出合计	40 544	*	*	*

说明：表中"*"表示省略的数据。

【要求】

(1) 根据资料一确定表 3-3 中字母表示的对应数值。

(2) 根据资料二确定表 3-4 中字母表示的对应数值。

(3) 根据资料一和资料二，计算预算年度应收账款和应付账款的年末余额。

4.【目的】 练习生产预算、直接人工预算、直接材料预算的编制。

【资料】 资料一:A 公司根据销售预测,对某产品 2022 年度的销售量作如下预计:第一季度为 5 000 件,第二季度为 6 000 件,第三季度为 8 000 件,第四季度为 7 000 件。已知每个季度的产成品期末结存量为下一季度预计销售量的 10%,年初产成品期末结存量为 750 件,年末结存量为 600 件,单位产品工时定额为 5 小时/件,单位工时的工资额为 0.6 元。

资料二:A 公司每季度材料的期末结存量为下一季度预计生产需用量的 10%,年初结存量为 900 千克,年末结存量为 1 000 千克,计划单价为 10 元/千克。材料款当季付 70%,余款下季度再付,期初应付账款为 40 000 元。

【要求】

(1) 根据资料一,编制 A 公司 2022 年度的生产预算表和直接人工预算表,如表 3-5、表 3-6 所示。

表 3-5　　　　　　　　A 公司 2022 年度生产预算表　　　　　　　　单位:件

项目	第一季度	第二季度	第三季度	第四季度	全年
预计销售量					
加:预计期末结存量					
合计					
减:预计期初结存量					
预计生产量					

表 3-6　　　　　　　　A 公司 2022 年度直接人工预算

项目	第一季度	第二季度	第三季度	第四季度	全年
预计生产量(件)					
单位产品工时(小时/件)					
人工总工时(小时)					
每小时人工成本(元/小时)					
预计直接人工成本(元)					

(2) 根据资料一和资料二,编制 A 公司 2022 年度直接材料预算表,如表 3-7 所示。

表 3-7　　　　　　　　　A 公司 2022 年度直接材料预算表　　　　　　金额单位:元

项目	第一季度	第二季度	第三季度	第四季度	全年
预计生产量(件)					
材料定额单耗(千克/件)					
预计生产需用量(千克)					
加:预计期末结存量(千克)					
减:预计期初结存量(千克)					
预计材料采购量(千克)					
材料计划单价(元/千克)					
预计购料金额					
预计现金支出					
应付账款年初余额					
第一季度购料付现					
第二季度购料付现					
第三季度购料付现					
第四季度购料付现					
现金支出合计					

第四章 筹资管理

知识训练

一、单项选择题

1. 某企业鉴于目前短期借款较多,严重加重了企业短期偿债负担,因此决定举借长期债务来偿还部分短期债务,由此表现出来的筹资动机属于( )。
   A. 创立性筹资动机　　　　　　B. 支付性筹资动机
   C. 扩张性筹资动机　　　　　　D. 调整性筹资动机

2. 按照资金的来源范围不同,企业筹资分为( )。
   A. 直接筹资和间接筹资　　　　B. 内部筹资和外部筹资
   C. 权益筹资和负债筹资　　　　D. 短期筹资和长期筹资

3. 下列各种筹资方式中,不属于长期筹资的是( )。
   A. 吸收直接投资　　　　　　　B. 保理业务
   C. 融资租赁　　　　　　　　　D. 发行股票

4. 采用销售百分比法预测资金需要量时,下列项目中被视为不随销售收入的变动而变动的是( )。
   A. 实收资本　　　　　　　　　B. 存货
   C. 应收账款　　　　　　　　　D. 现金

5. 下列各项中,属于长期借款特殊性保护条款的是( )。
   A. 限制企业非经营性支出
   B. 要求公司主要领导人购买人身保险
   C. 保持企业的资产流动性

D. 限制公司的长期投资

6. 下列关于债券筹资特点的说法中,不正确的是(　　)。

   A. 与银行借款相比,发行债券募集的资金其使用限制条件多

   B. 通过发行债券,能提高公司的社会声誉

   C. 相对于银行借款来说,债券筹资的资本成本较高

   D. 与银行借款、租赁等债务筹资方式相比,发行公司债券一次筹资数额大

7. 下列各项中,不属于融资租赁筹资特点的是(　　)。

   A. 能迅速获得所需资产

   B. 财务风险小,财务优势明显

   C. 融资租赁的限制条件较少

   D. 资本成本较低

8. 下列有关各种股权筹资形式的优缺点的表述中,正确的是(　　)。

   A. 吸收直接投资的筹资费用较高

   B. 吸收直接投资不易进行产权交易

   C. 发行普通股股票能够尽快形成生产能力

   D. 利用留存收益筹资,可能会稀释原有股东的控制权

9. 与债务筹资相比,通过发行普通股股票筹资的优点是(　　)。

   A. 资本成本较低　　　　　　B. 财务风险较小

   C. 稳定公司控制权　　　　　D. 筹资弹性较大

10. 公司在创立时首先选择的筹资方式是(　　)。

    A. 融资租赁　　　　　　　　B. 向银行借款

    C. 吸收直接投资　　　　　　D. 发行企业债券

11. 在吸收直接投资中,最重要的出资方式是(　　)。

    A. 以实物资产出资　　　　　B. 以货币资产出资

    C. 以土地使用权出资　　　　D. 以工业产权出资

12. 下列关于资本成本的说法中,不正确的是(　　)。

    A. 资本成本是比较筹资方式,选择筹资方案的依据

    B. 资本成本是衡量资本结构是否合理的依据

    C. 资本成本是评价投资项目可行性的主要标准

D. 资本成本是评价企业整体业绩的重要依据

13. A公司从中国银行取得3年期借款100万元,借款费用率为0.1%,年利率为8%,每年结息一次,到期一次还本,企业所得税税率25%,则该笔银行借款的资本成本为(　　)。

    A. 6%　　　　　　　　　　　B. 6.01%

    C. 7%　　　　　　　　　　　D. 8%

14. 某公司按面值发行债券,票面利率为10%,偿还期限为5年,发行费率为3%,企业所得税税率为25%,则该债券的资本成本为(　　)。

    A. 10%　　　　　　　　　　 B. 6.7%

    C. 6.91%　　　　　　　　　 D. 7.73%

15. 某公司债券的面值为100元,发行价格为120元,票面利率为12%,企业所得税税率为25%,筹资费用率为5%,则该债券的资本成本为(　　)。

    A. 7.89%　　　　　　　　　 B. 10.32%

    C. 12%　　　　　　　　　　 D. 5%

16. 某公司股票目前的股利为每股2元,股利按6%的比例固定递增,据此计算出的资本成本为15%,假设不考虑筹资费用率,则该股票目前的市价为(　　)元。

    A. 23.56　　　　　　　　　　B. 24.66

    C. 28.78　　　　　　　　　　D. 32.68

17. 某公司普通股目前的股价为10元/股,筹资费用率为4%,股利固定增长率为3%,企业所得税税率为25%,预计下次支付的每股股利为2元,则该公司普通股资本成本为(　　)。

    A. 23%　　　　　　　　　　 B. 18%

    C. 24.46%　　　　　　　　　D. 23.83%

18. 在个别资本成本的计算中,不必考虑筹资费用影响因素的是(　　)。

    A. 长期借款成本　　　　　　 B. 债券成本

    C. 普通股成本　　　　　　　 D. 留存收益成本

19. 下列各种筹资方式中,资本成本最高的是(　　)。

    A. 发行债券　　　　　　　　 B. 长期借款

    C. 发行普通股　　　　　　　 D. 发行优先股

20. 加权平均资本成本是指（   ）。

   A. 各种资本的个别资本成本之和

   B. 以各种资本占全部资本的比重为权数的个别资本成本的加权平均数

   C. 权益资本成本的加权平均数

   D. 个别资本成本的算术平均数

二、多项选择题

1. 下列成本费用中，属于资本成本中的用资费用的有（   ）。

   A. 向银行支付的借款手续费

   B. 因发行股票而支付的发行费

   C. 向银行等债权人支付的利息

   D. 向股东支付的股利

2. 下列筹资方式中，属于间接筹资方式的有（   ）。

   A. 发行股票
   B. 银行借款
   C. 吸收直接投资
   D. 融资租赁

3. 下列各项中，属于企业筹资管理应当遵循的原则有（   ）。

   A. 筹措合法原则
   B. 负债最低原则
   C. 规模适当原则
   D. 结构合理原则

4. 筹资活动是企业资金流转运动的起点，筹资管理要求企业解决的问题包括（   ）。

   A. 为什么要筹资
   B. 需要筹集多少资金
   C. 合理安排资本结构
   D. 筹集资金如何使用

5. 与股权筹资相比，债务筹资的优点有（   ）。

   A. 筹资弹性大
   B. 资本成本负担较轻
   C. 可以利用财务杠杆
   D. 稳定公司的控制权

6. 相对股权筹资方式而言，长期借款筹资的缺点主要有（   ）。

   A. 财务风险较大
   B. 资本成本较高
   C. 筹资数额有限
   D. 筹资速度较慢

7. 融资租赁筹资的具体形式有（   ）。

   A. 直接租赁
   B. 服务租赁

C. 售后回租 D. 杠杆租赁

8. 吸收直接投资的优点主要有(　　)。
   A. 有利于降低企业资金成本 B. 有利于加强对企业的控制
   C. 能够尽快形成生产能力 D. 容易进行信息沟通

9. 股票上市可以为公司筹措新资金,但也有不利的方面,其中包括(　　)。
   A. 公司将负担较高的信息披露成本
   B. 手续复杂严格
   C. 上市成本较高
   D. 可能会分散公司的控制权

10. 下列关于留存收益筹资特点的说法中,正确的有(　　)。
    A. 筹资数额有限,留存收益的最大数额是当期的营业利润
    B. 留存收益筹资不需要发生筹资费用,因此不存在资本成本
    C. 利用留存收益筹资,可以维持公司的控制权分布
    D. 与普通股筹资相比,筹资成本较低

11. 下列关于留存收益的说法中,不正确的有(　　)。
    A. 不用发生筹资费用 B. 稀释原有股东的控制权
    C. 筹资数额不受限制 D. 维持公司的控制权分布

12. 下列关于表达式"$Ks=D/[P_n(1-f)]\times 100\%$"的说法中,正确的有(　　)。
    A. Ks 是指普通股资本成本率 B. D 是指优先股年固定股息
    C. P_n 是指优先股发行价格 D. f 是指筹资费用率

13. 下列各项中,属于个别资本成本的有(　　)。
    A. 债券成本 B. 普通股成本
    C. 留存收益成本 D. 公共资金的边际成本

14. 计算个别资本成本时,必须考虑所得税因素的有(　　)。
    A. 债券成本 B. 银行借款成本
    C. 优先股资本成本 D. 普通股资本成本

15. 影响加权平均资本成本高低的因素有(　　)。
    A. 边际资本成本
    B. 个别资本成本

C. 各种资本在总资本中所占的比重

D. 货币时间价值

16. 影响资本结构的因素包括( )。

A. 总体经济环境

B. 企业的财务状况和信用等级

C. 行业特征和企业发展周期

D. 资本市场条件

三、判断题

( )1. 企业在开展经营活动过程中,经常会出现超出维持正常经营活动资金需求的季节性、临时性的交易支付需要,为了满足这些需要而产生的筹资动机属于扩张性筹资动机。

( )2. 销售百分比法是以资金与销售的比率为基础,预测未来短期资金需要量的方法。

( )3. 某企业计划购入原材料,供应商给出的现金折扣条件为"1/20,n/50",若银行短期借款利率为10%,则企业应在折扣期限内支付货款。

( )4. 处于成长期的企业主要依靠内部筹资获得所需资金。

( )5. 银行借款具有限制条款多、筹资数额有限的缺点。

( )6. 债券的利息可以税前列支,具有抵税作用。

( )7. 相对于债务资本而言,股权资本的财务风险小,但付出的资本成本相对较高。

( )8. 股权筹资是企业稳定的资本基础,但利用股权筹资会使企业产生较大的财务风险。

( )9. 留存收益成本的计算与普通股基本相同,但不用考虑筹资费用。

( )10. 因发行股票、公司债券而支付的发行费属于用资费用。

( )11. 资本成本的高低并不是企业在筹资决策中考虑的唯一因素。

( )12. 留存收益是由企业税后利润形成的,所以留存收益没有资本成本。

( )13. 在各种资本来源中,普通股的资本成本最高。

( )14. 在个别资本成本不变的情况下,不同时期的加权平均资本成本相等。

( )15. 提高个别资本成本,未必导致加权平均资本成本提高。

四、名词解释

1. 直接筹资

2. 间接筹资

3. 信用贷款

4. 担保贷款

5. 抵押贷款

6. 融资租赁

7. 资本成本

8. 资本结构

五、简答题

1. 银行借款筹资的优缺点有哪些?

2. 发行公司债券筹资的优缺点有哪些?

3. 发行普通股股票筹资的优缺点有哪些?

六、论述题

1. 简述债务筹资的优缺点。

2. 简述股权筹资的优缺点。

3. 简述影响资本结构的因素。

技能训练

1. 【目的】 练习外部融资需要量的计算。

   【资料】 华龙公司因扩大生产经营规模需要进行筹资,现已知公司敏感性资产占销售收入的比重为60%,敏感性负债占销售收入的比重为10%。华龙公司本年销售收入为2 000万元,预计下一年销售收入增长率为20%,销售净利率为5%,利润留存率为40%。

   【要求】 计算外部融资需要量。

2. 【目的】 练习销售百分比法。

【资料】 华发公司 2021 年的实际利润表,如表 4-1 所示(假定企业所得税税率为 40%)。假定华发公司 2022 年的预计销售收入为 60 000 万元,税后利润的留存比例为 20%。

表 4-1　　　　　　　　　　2021 年实际利润表

项目	金额(万元)
一、销售收入	40 000
减:销售成本	24 000
销售费用	260
管理费用	2 280
财务费用	1 200
二、利润总额	12 260
减:所得税费用	4 904
三、净利润	7 356

【要求】 采用销售百分比法编制预计利润表(表 4-2),并确定 2022 年的留存收益。

表 4-2　　　　　　2022 年预计利润表　　　　　　单位:万元

项目	2021 年实际数据	占销售收入的百分比	2022 年预测数
一、销售收入	40 000		
减:销售成本	24 000		
销售费用	260		
管理费用	2 280		
财务费用	1 200		
二、利润总额	12 260		
减:所得税费用	4 904		
三、净利润	7 356		

3. 【目的】 练习销售百分比法。

【资料】 某企业2021年的实际资产负债表,如表4-3所示。

表4-3　　　　　　　　　　2021年资产负债表　　　　　　　　单位:万元

资产	金额	负债与所有者权益	金额
货币资金	800	应付职工薪酬	2 000
应收账款	5 000	应付利息	600
存货	8 000	应付账款	4 400
固定资产净值	6 000	短期借款	800
无形资产	400	长期借款	3 600
		实收资本	7 200
		留存收益	1 600
资产合计	20 200	负债与所有者权益合计	20 200

【要求】 采用销售百分比法编制2022年的预计资产负债表,并预测2022年的外部筹资额。

4. 【目的】 练习放弃现金折扣成本的计算与应用。

【资料】 某企业每年向供应商购入 200 万元的商品,该供应商给出的现金折扣条件为"$2/10, n/30$",假设此时银行的贷款利率为 10%。

【要求】 通过计算判断该企业是否应该放弃现金折扣。

5. 【目的】 练习长期借款资本成本的计算。

【资料】 华威公司为了开发新产品购买机器设备,从银行获得一笔长期借款。借款金额为 1 000 万元,年利率为 6%,期限为 4 年,每年付息一次,到期一次还本,筹资费用率为 0.2%,企业所得税税率为 25%。

【要求】 计算该项长期借款的资本成本率。

6. 【目的】 练习长期借款资本成本的计算。

【资料】 某企业取得长期借款 150 万元,年利率 5.2%,期限 3 年,每年付息一次,到期一次还本。筹措这笔借款的费用率为 0.2%,企业所得税税率为 25%。

【要求】

(1) 计算该项长期借款的资本成本率。

(2) 在不考虑筹资费用的情况下,计算该项长期借款的资本成本率。

7. 【目的】 练习长期债券资本成本的计算。

【资料】 某公司发行一批期限为 10 年的债券,债券面值为 1 000 元,票面利率为 6.5%,每年付息一次,发行费率为 3%,企业所得税税率为 25%。

【要求】

(1) 计算该债券的资本成本率。

(2) 如果债券以 980 元折价发行,计算该债券的资本成本率。

(3) 如果债券以 1 100 元溢价发行,计算该债券的资本成本率。

8. 【目的】 练习优先股资本成本的计算。

【资料】 某企业发行优先股,总面额为 4 000 万元,筹资费用率为 5%,预定年股票利率为 10%。

【要求】 计算该项优先股的资本成本。

9. 【目的】 练习普通股资本成本的计算。

【资料】 昌盛公司拟发行一批普通股,发行价格为每股 13 元,筹资费用率为 10%,预定每年分派现金股利每股 1.5 元。

【要求】 计算该批普通股的资本成本。

10. 【目的】 练习普通股资本成本的计算。

【资料】 华丰公司准备增发普通股,每股发行价格为 18 元,筹资费用率为 20%。预定第一年分派现金股利每股 2 元,预期股利增长率为 3%。

【要求】 计算普通股的资本成本。

11. 【目的】 练习留存收益资本成本的计算。

【资料】 某公司年末留存收益为 100 万元,公司普通股每股市价为 12 元,预计下一年分派现金股利每股 3 元,预期股利增长率为 6%。

【要求】 计算留存收益的资本成本。

12. 【目的】 练习加权平均资本成本的计算。

【资料】 昌盛公司现有长期资本总额账面金额为 20 000 万元,其中长期借款 5 000 万元,长期债券 5 600 万元,优先股 2 100 万元,普通股 6 800 万元,留存利润 500 万元;其资本成本率分别为 5%、6.7%、11.2%、15% 和 14%。

【要求】 计算公司加权平均资本成本。

13. 【目的】 练习加权平均资本成本的计算。

【资料】 华龙公司准备新建一个投资项目,现有 A、B 两个筹资方案可供选择,相关资料如表 4-4 所示。

表 4-4　　　　　　A、B 两个筹资方案的相关资料

项目	A 方案		B 方案	
	筹资条件	筹资比例	筹资条件	筹资比例
银行借款	借款利率 8%	30%	借款利率 10%	40%
发行债券	债券票面利率为 12%,按票面价值的 140% 发行,发行费用率为 2%	30%	债券票面利率为 15%,平价发行,发行费用率为 1%	50%
发行普通股	发行价格为 12 元,发行费用率为 1.2%,每年固定股利为 1 元/股	40%	发行价格为 16 元,发行费用率为 2%,第一年股利为 0.8 元/股,以后每年按 3% 的固定比例增长	10%

【要求】

(1) 计算确定 A 方案的加权平均资本成本。

(2) 计算确定 B 方案的加权平均资本成本。

(3) 确定华龙公司应采用哪个筹资方案。

14. 【目的】 资本成本计算的综合练习。

【资料】 某公司拟为某大型投资项目筹资 10 亿元。经董事会决策并报股东大会批准后,该项目的融资方案最终确定为:

(1) 向银行借款 3 亿元,期限 5 年,借款年利率为 10%。

(2) 上市融资,拟上市发行股票融资 7 亿元(发行 1 亿股,每股发行价格为 7 元)。上市时,董事会在招股说明书中明确承诺,公司第一年年末的股利为 0.1 元/股,且未来股利支付将保持 8% 的年增长率。假定股票筹资费率为 5%,该公司适用的企业所得税税率为 25%。

【要求】

(1) 计算银行借款的资本成本。

(2) 计算普通股的资本成本。

(3) 计算该融资方案的加权平均资本成本。

(4) 经测算,该项目的预期报酬率为14%,试判断这项新增投资项目在财务上是否可行。

15. 【目的】 练习加权平均资本成本的计算与应用。

【资料】 某公司的资本结构由债券和普通股组成。债券数量为25万张(面值100元/张,发行价为120元/张,票面利率为8%,每年付息一次),债券目前的市价为120元/张,筹资费用率为4%;普通股有500万股,目前每股市价为12元,预期第一年的股利为1.5元/股,以后每年以固定的增长率3%增长,不考虑普通股筹资费率,适用的企业所得税税率为25%。

企业拟增资2 000万元(不考虑筹资费用),有以下两个方案可供选择:

方案一:全部按面值发行债券筹集,债券年利率为10%;同时由于企业风险的增加,普通股的市价降为11元/股。

方案二:按面值发行债券筹集1 340万元,债券年利率为9%;同时按照每股11元的价格发行普通股股票筹集660万元资金。

【要求】

(1) 计算筹资前的债券资本成本(不考虑时间价值)、普通股资本成本和平均资本成本(按照市场价值权数计算)。

(2) 计算采用方案一筹资后的平均资本成本。

(3) 计算采用方案二筹资后的平均资本成本。

(4) 确定该公司应采用哪种筹资方案。

(5) 假设筹资后打算投资于某项目,在对该项目投资进行测算时,得出如下结果:当折现率分别为11%、12%和13%时,其净现值分别为217.312 8万元、39.317 7万元、−30.190 7万元。根据该项目的内部收益率判断该项目是否具有可行性。

16. 【目的】 练习每股收益分析法的计算。

【资料】 某公司目前的资本来源包括每股面值1元的普通股800万股和平均利率为10%的债务3 000万元。该公司现在拟投产一项新产品,该项目需要投资4 000万元,预期投产后每年可增加息税前利润400万元。该项目备选的筹资方案有三个:

(1) 按 11% 的利率平价发行债券。

(2) 按面值发行股利率为 12% 的优先股。

(3) 按 20 元/股的价格增发普通股。

该公司目前的息税前利润为 1 600 万元;适用的企业所得税税率为 40%;证券发行费可忽略不计。

【要求】

(1) 计算增发普通股和债券筹资的每股收益无差别点(用息税前利润表示,下同),以及增发普通股和优先股筹资的每股收益无差别点。

(2) 计算筹资前的财务杠杆系数和按三个方案筹资后的财务杠杆系数。

(3) 确定该公司应选择哪一种筹资方案,并说明理由。

(4) 如果新产品可提供 1 000 万元或 4 000 万元的新增息税前利润,在不考虑财务风险的情况下,确定公司应选择哪一种筹资方案。

第五章 投资管理

知识训练

一、单项选择题

1. （　　）是指企业购置生产设备、新建工厂等所进行的投资。
   A. 项目投资　　　　　　　　B. 金融投资
   C. 资本投资　　　　　　　　D. 证券投资

2. 张三手中有 100 万元，想将手中的钱投资项目，目前有两个互不相关的项目，其中，甲项目需要投资 60 万元，乙项目需要投资 40 万元，则甲项目和乙项目之间的关系是（　　）。
   A. 独立投资　　　　　　　　B. 互斥投资
   C. 非相容性投资　　　　　　D. 间接投资

3. 在长期投资决策中，一般属于经营期现金流出项目的是（　　）。
   A. 经营成本　　　　　　　　B. 开办费投资
   C. 固定资产投资　　　　　　D. 无形资产投资

4. 付现成本可以用全部成本费用减去（　　）来估计。
   A. 现金　　　　　　　　　　B. 折旧
   C. 利润　　　　　　　　　　D. 利息

5. 某投资项目某年的营业收入为 600 000 元，付现成本为 400 000 元，折旧额为 100 000 元，企业所得税税率为 25%，则该年营业现金净流量为（　　）元。
   A. 250 000　　　　　　　　　B. 175 000
   C. 75 000　　　　　　　　　 D. 100 000

6. 下列各项中不属于静态评价指标的是( )。
   A. 投资利润率   B. 投资报酬率
   C. 净现值   D. 静态投资回收期

7. 投资回收期是指回收( )所需的全部时间。
   A. 建设投资   B. 原始投资额
   C. 固定资产原值   D. 投资总额

8. 已知某投资项目的原始投资额为100万元,投资期为2年,投产后第1～3年每年的营业现金净流量为25万元,第4～10年每年的营业现金净流量为20万元,则该项目包括投资期的静态回收期为( )年。
   A. 4.25   B. 6.25
   C. 4   D. 5

9. 某投资项目需在开始时一次性投资50 000元,其中固定资产投资为45 000元,营运资金垫支5 000元,没有建设期。各年营业现金净流量分别为10 000元、12 000元、16 000元、20 000元、21 600元、14 500元。则该项目的静态投资回收期为( )年。
   A. 3.35   B. 4.00
   C. 3.60   D. 3.40

10. 甲公司决定从A、B两个设备中选购一个,已知A设备的购买价为15 000元,预计投入使用后每年可产生现金净流量4 000元;B设备的购买价为25 000元,预计投入使用后每年可产生现金净流量5 500元。下列关于两方案的说法中,正确的是( )。
    A. A设备的静态回收期为4.25年
    B. B设备的静态回收期为3.75年
    C. 应该选择A设备
    D. 应该选择B设备

11. 通过净现值判别项目是否可行的标准是( )。
    A. $NPV>0$ B. $NPV=0$
    C. $NPV<0$ D. $NPV\leqslant 0$

12. 项目投资决策中采用净现值法的优点是考虑了资金的( )。

A. 时间价值 B. 初始投资额
C. 现金的净流入量 D. 现值

13. 已知某项目的现金净流量分别为：$NCF_0 = -100$ 元，$NCF_1 = 0$，$NCF_{2\sim 6} = 200$ 元，投资人要求的收益率为 10%，则该项目的净现值为（　　）元。[已知：$(P/A, 10\%, 5) = 3.7908$；$(P/F, 10\%, 1) = 0.9091$]

    A. 658.16 B. 589.24
    C. 489.16 D. 689.24

14. 投资者所承担的风险越小，方案越有利，投资回收年限越（　　）。

    A. 接近回收期 B. 长
    C. 容易计算 D. 短

15. 在一般投资项目中，当一项投资方案的净现值等于零时，即表明（　　）。

    A. 该方案的年金净流量大于 0
    B. 该方案动态回收期等于 0
    C. 该方案的现值指数大于 1
    D. 该方案的内含报酬率等于设定的贴现率

16. 下列各项因素中，不会影响年金净流量大小的是（　　）。

    A. 每年的现金净流量 B. 折现率
    C. 原始投资额 D. 投资的实际报酬率

17. 某公司准备投资一项目，目前有 3 个方案可供选择。A 方案：期限为 10 年，净现值为 80 万元。B 方案：期限为 8 年，年金净流量为 15 万元。C 方案：期限为 10 年，净现值为 -5 万元。该公司要求的最低收益率为 10%，则该公司应选择的方案是（　　）。[已知：$(P/A, 10\%, 10) = 6.1446$]

    A. A 方案 B. B 方案
    C. C 方案 D. 无法判断

18. 下列各项中，其计算结果等于项目投资方案年金净流量的是（　　）。

    A. 该方案净现值×年金现值系数
    B. 该方案净现值×年金现值系数的倒数
    C. 该方案每年相等的现金净流量×年金现值系数
    D. 该方案每年相等的现金净流量×年金现值系数的倒数

19. 下列关于现值指数优点的说法中,错误的是(　　)。

    A. 现值指数反映了投资效率

    B. 现值指数法适用于寿命期相同、原始投资额现值不同的独立方案决策

    C. 现值指数反映了投资项目可能达到的收益率

    D. 现值指数法考虑了原始投资额与获得收益之间的比率关系

20. 已知某投资项目的原始投资额现值为100万元,净现值为25万元,则该项目的现值指数为(　　)。

    A. 0.25　　　　　　　　　　B. 0.75

    C. 1.05　　　　　　　　　　D. 1.25

21. 下列指标中,不易直接考虑投资风险大小的是(　　)。

    A. 净现值　　　　　　　　　B. 年金净流量

    C. 现值指数　　　　　　　　D. 内含报酬率

22. 在原始投资额不同且项目寿命期不同的独立投资方案比较决策时,以各独立方案的获利程度作为评价标准,一般采用的评价指标是(　　)。

    A. 现值指数　　　　　　　　B. 内含报酬率

    C. 净现值　　　　　　　　　D. 动态回收期

23. 某投资项目各年现金净流量按13%折现时,净现值大于零;按15%折现时,净现值小于零,则该项目的内含报酬率一定是(　　)。

    A. 大于14%　　　　　　　　B. 小于14%

    C. 小于13%　　　　　　　　D. 小于15%

24. 某投资方案,当折现率为15%时,其净现值为45元;当折现率为17%时,其净现值为—10元。则该方案的内含报酬率为(　　)。

    A. 14.88%　　　　　　　　　B. 16.86%

    C. 16.64%　　　　　　　　　D. 17.14%

25. 下列各项因素中,不会对投资项目的内含报酬率指标计算结果产生影响的是(　　)。

    A. 原始投资额　　　　　　　B. 资本成本

    C. 项目计算期　　　　　　　D. 现金净流量

二、多项选择题

1. 企业投资的特点包括(　　)。
   A. 投入的资金量大
   B. 投资决策风险大
   C. 对企业的影响时间长
   D. 投资收益具有不确定性

2. 一个方案的现金流入量是指该方案所引起的企业现金收入的增加额,主要包括(　　)。
   A. 营业收入
   B. 回收固定资产的余值
   C. 回收的流动资金
   D. 借入资金

3. 在考虑企业所得税影响的情况下,下列可用于计算营业现金净流量的算式中,正确的有(　　)。
   A. 税后营业利润＋非付现成本
   B. 营业收入－付现成本－企业所得税
   C. (营业收入－付现成本)×(1－企业所得税税率)
   D. 营业收入×(1－企业所得税税率)＋非付现成本×企业所得税税率

4. 按是否考虑资金时间价值分类,项目投资的评价指标可分为(　　)。
   A. 长期指标
   B. 静态指标
   C. 短期指标
   D. 动态指标

5. 计算项目投资的动态指标时,要充分考虑和利用资金时间价值,项目投资的动态指标包括(　　)。
   A. 净现值
   B. 年金净流量
   C. 内含报酬率
   D. 净现值率

6. 投资回收期法的优点有(　　)。
   A. 计算简便
   B. 没有考虑资金的时间价值
   C. 易于理解技术因素
   D. 考虑了资金的时间价值

7. 下列关于静态回收期法的说法中,正确的有(　　)。
   A. 静态回收期法忽略了货币时间价值
   B. 静态回收期法需要一个主观上确定的最长的可接受回收期作为评价依据

C. 静态回收期法不能测度项目的盈利性

D. 静态回收期法考虑了回收期满以后的现金流量

8. 下列关于净现值法的说法中,正确的有(　　)。

　　A. 净现值法没有考虑投资风险

　　B. 净现值法的适用性强

　　C. 净现值法不适合用于独立投资方案的比较决策

　　D. 如采用净现值法对寿命期不同的投资方案进行决策,需要将各方案均转化为相等寿命期进行比较

9. 下列各项中,属于内含报酬指标优点的有(　　)。

　　A. 反映了投资项目可能达到的报酬率,易于被高层决策人员所理解

　　B. 对于独立投资方案的比较决策,如果各方案原始投资额现值不同,可以通过计算各方案的内含报酬率,反映各独立投资方案的获利水平

　　C. 可以直接考虑投资风险大小

　　D. 在互斥投资方案决策时,如果各方案的原始投资额现值不相等,可以作出正确的决策

10. 下列各项中,会引起内含报酬率变动的有(　　)。

　　A. 项目的最低报酬率　　　　B. 原始投资额

　　C. 现金净流量　　　　　　　D. 项目计算期

11. 下列各项关于独立投资方案决策的表述中,正确的有(　　)。

　　A. 两项目原始投资额不同但期限相同,采用现值指数较高的项目

　　B. 两项目原始投资额不同但期限相同,采用内含报酬率较高的项目

　　C. 两项目原始投资额相同但期限不同,采用年金净流量较高的项目

　　D. 两项目的原始投资额和期限都不相同,采用内含报酬率较高的项目

12. 下列各项关于互斥投资方案决策的表述中,正确的有(　　)。

　　A. 两项目原始投资额不同但期限相同,采用净现值较高的项目

　　B. 两项目原始投资额不同但期限相同,采用年金净流量较高的项目

　　C. 两项目原始投资额相同但期限不同,采用年金净流量较高的项目

　　D. 两项目原始投资额相同但期限不同,采用净现值较高的项目

13. 某企业甲、乙两个投资方案的资料如下:甲方案寿命期 8 年,净现值为 600 万

元,内含报酬率为12%;乙方案寿命期8年,净现值为400万元,内含报酬率为16%。据此可以认定(　　)。

A. 若甲、乙两方案是独立方案,则甲方案较好

B. 若甲、乙两方案是独立方案,则乙方案较好

C. 若甲、乙两方案是互斥方案,则甲方案较好

D. 若甲、乙两方案是互斥方案,则乙方案较好

14. 现有甲、乙、丙三个项目,原始投资额现值和寿命期均不相同,甲项目的净现值最大,乙项目的内含报酬率最高,丙项目的年金净流量最大。则下列说法中正确的有(　　)。

A. 如果三个项目相互独立,则应该先安排乙项目

B. 如果三个项目相互排斥,则应该选择丙项目

C. 如果三个项目相互独立,则应该先安排甲项目

D. 如果三个项目相互排斥,则应该选择乙项目

三、判断题

(　　)1. 对内投资都是直接投资,对外投资不一定都是间接投资。

(　　)2. 非付现成本主要有固定资产年折旧费用、长期资产摊销费用、资产减值损失以及垫支的营运资金摊销等。

(　　)3. 资本投资按投资项目之间的相互关联关系可划分为独立投资和互斥投资两大部分。

(　　)4. 项目计算期等于建设期与经营期之和。

(　　)5. 现金流量中的"现金"指的是广义的现金。

(　　)6. 付现成本可以用全部成本费用减去利息来估计。

(　　)7. 不需要每年支付现金的成本费用称为付现成本。

(　　)8. 现金净流量是指一定期间现金流入量和现金流出量的差额。

(　　)9. 年金净流量法是净现值法的辅助方法,在各方案原始投资额现值相同时,实质上就是净现值法。

(　　)10. 由于现值指数是未来现金净流量现值与原始投资额现值之比,是一个相对数指标,反映了投资效益。

四、名词解释

1. 独立投资

2. 互斥投资

3. 现金流量

4. 投资利润率

5. 静态投资回收期

6. 净现值

7. 年金净流量

8. 净现值率

9. 现值指数

10. 内含报酬率

五、简答题

1. 净现值评价指标的优缺点有哪些？

2. 年金净流量评价指标的优缺点有哪些？

3. 现值指数评价指标的优缺点有哪些？

4. 净现值率评价指标的优缺点有哪些？

5. 内含报酬率评价指标的优缺点有哪些？

六、论述题

1. 论述如何对独立投资方案进行决策。

2. 论述如何对互斥投资方案进行决策。

技能训练

1. 【目的】 练习营业现金净流量的计算。

   【资料】 已知华夏制造有限公司2022年的全部营业收入为200 000元,其营业成本为120 000元,其中付现成本为80 000元,折旧为40 000元,企业所得税税率为25%。

   【要求】 计算该公司的营业现金净流量。

2. 【目的】 练习营业现金净流量的计算。

   【资料】 某公司准备购入一设备以扩充生产能力,需投资 30 000 元。该设备的使用寿命为 5 年,采用直线法计提折旧,5 年后该设备无残值。5 年中该公司每年销售收入为 15 000 元,每年付现成本为 5 000 元,适用的企业所得税税率为 25%。

   【要求】 计算该公司各年的营业现金净流量。

3. 【目的】 练习营业现金净流量的计算。

   【资料】 A 公司需投资 40 000 元用于购买某设备。该设备的使用寿命为 5 年,采用直线法计提折旧,5 年后有残值 5 000 元。5 年中 A 公司每年的销售收入为 18 000 元,付现成本第一年为 6 000 元,以后随着设备陈旧,将逐年增加修理费 300 元,开始投资时还需垫支营运资金 3 000 元。

   【要求】 计算该公司各年的营业现金净流量。

4. 【目的】 练习营业现金净流量的计算。

【资料】 某企业拟在计划年度内投资 A 项目,该项目的有关资料如下:

(1) A 项目共需固定资产投资 180 万元,在第一年年末全部竣工,并交付使用。

(2) A 项目投产时需垫付相应的流动资金 128 万元,用于购买原材料等。

(3) A 项目的经营期为 4 年,固定资产按直线法计提折旧,残余价值为 49.2 万元。

(4) 根据市场预测,A 项目投产后第一年的销售收入为 128 万元,以后 3 年每年的销售收入均为 180 万元。第一年的付现成本为 60 万元,以后 3 年每年的付现成本均为 84 万元。

(5) 假设适用的企业所得税税率为 25%.

【要求】 计算 A 项目每年的营业现金净流量。

5. 【目的】 练习投资方案的计算及决策。

【资料】 大华公司拟建一条生产线,现有甲、乙两个投资方案,具体资料如下:

(1) 甲方案:投资额为 100 万元;未来四年的净利润分别为:5 万元、10 万元、15 万元以及 20 万元。

(2) 乙方案:投资额为 200 万元;未来四年的净利润分别为 16 万元、24 万元、18 万元以及 14 万元。

(3) 假设企业要求的基准投资报酬率为 8%。

【要求】 确定大华公司应选择哪个方案。

6. 【目的】 练习投资项目各指标的计算。

【资料】 某企业于 2022 年年初用自有资金购置设备一台,需一次性投资 100 万元。该设备使用寿命为 5 年,税法准许按使用寿命计提折旧。设备投产后,每年可产生税后利润 20 万元。假定该设备按直线法计提折旧,预计净残值率为 5%,适用的企业所得税税率为 25%。

【要求】

(1) 计算使用期内各年净现金流量。

(2) 计算该设备静态投资回收期。

(3) 以 10% 为折现率,计算该项目的净现值。

7. 【目的】 练习投资项目各指标的计算并决策。

【资料】 甲公司为了扩大生产能力,拟购买一台新设备,该投资项目相关资料如下:

(1) 新设备的投资额为 1 800 万元,经济寿命期为 10 年。采用直接法计提折旧,预计期末净残值为 300 万元。假设设备购入即可投入生产,不需要垫支营运资金。该公司计提折旧的方法、年限、预计净残值等与税法规定一致。

(2) 该设备投产后第 1~6 年每年为企业增加营业现金净流量 400 万元,第 7~10 年每年为企业增加营业现金净流量 500 万元,项目终结时,预计设备净残值全部收回。

(3) 假设该投资项目的贴现率为 10%,相关货币时间价值系数如表 5-1 所示。

表 5-1　　　　　　　　　相关货币时间价值系数表

期数(n)	4	6	10
(P/F, 10%, n)	0.683 0	0.564 5	0.385 5
(P/A, 10%, n)	3.169 9	4.355 3	6.144 6

【要求】

(1) 计算项目静态投资回收期。

(2) 计算项目净现值。

(3) 评价项目投资可行性并说明理由。

8. 【目的】　练习净现值法对投资项目的决策。

【资料】　某公司计划开发一种新产品,该产品的寿命期为 5 年,开发新产品:需投资固定资产 200 000 元,需垫支营运资金 150 000 元,5 年后可收回固定资产残值为 2 0000 元,用双倍余额递减法计提折旧。投产后,预计每年的销售收入可达 250 000 元,每年需支付直接材料、直接人工等变动成本 100 000 元,每年的设备维修费为 10 000 元。该公司要求的最低投资报酬率为 10%,适用的企业所得税税率为 25%。

【要求】　请用净现值法对该项新产品是否开发作出分析评价。[已知:(P/F, 10%, 1)=0.909 1,(P/F, 10%, 2)=0.826 4,(P/F, 10%, 3)=0.751 3,(P/F, 10%, 4)=0.683 0,(P/F, 10%, 5)=0.620 9]

9. 【目的】 练习投资项目指标计算并决策。

【资料】 某公司现决定新购置一台设备,现在市面上有甲、乙两种设备可供选择,相比之下,乙设备比较便宜,但寿命较短。两种设备的现金净流量预测如表 5-2 所示。

表 5-2　　　　　　　两种设备的现金净流量预测　　　　　　金额单位:元

t(年)	0	1	2	3	4	5	6
甲	−40 000	8 000	14 000	13 000	12 000	11 000	10 000
乙	−20 000	7 000	13 000	12 000			

该公司要求的最低投资报酬率为 12%,相关的现值系数如表 5-3 所示。(现值系数取三位小数,计算结果保留两位小数)

表 5-3　　　　　　　　相关的现值系数表

期数	1	2	3	4	5	6
$(P/F, 12\%, n)$	0.893	0.797	0.712	0.636	0.567	0.507
$(P/A, 12\%, n)$	—	—	2.402	—	—	4.111

【要求】

(1) 计算甲、乙设备的净现值。

(2) 计算甲、乙设备的年金净流量。

(3) 为该公司购买何种设备作出决策并说明理由。

10. 【目的】 练习投资项目综合计算。

【资料】 某企业为开发新产品拟投资 1 000 万元(均为自有资金)建设一条生产线,现有甲、乙、丙三个方案可供选择。

(1) 甲方案的各年现金净流量分别为:$NCF_0 = -1\,000$ 万元,$NCF_{1\sim2} = 0$,$NCF_{3\sim8} = 200$ 万元。

(2) 乙方案的相关资料为:在建设起点用 850 万元购置不需要安装的固定资产,同时垫支 150 万元营运资金,立即投入生产。预计投产后第 1~10 年每年营业收入 450 万元,每年的付现成本和企业所得税税额分别为 200 万元和 50 万元;第 10 年回收的固定资产残值和垫支的营运资金分别为 60 万元和 150 万元。

(3) 丙方案的现金流量资料如表 5-4 所示。

表 5-4　　　　　　　　丙方案的现金流量资料　　　　　　　金额单位:万元

期限(年)	0	1	2	3	4	5	6~10	11	合计
原始投资	500	500	0	0	0	0	0	0	1 000
税后净利润	0	0	170	170	170	100	100	100	1 210
年折旧额	0	0	95	95	95	95	95	95	950
年摊销额	0	0	6	6	6	0	0	0	18
回收额	0	0	0	0	0	0	0	50	50
现金净流量									*
累计现金净流量							*	*	*

说明:"6~10"年一列中的数据为每年数,连续 5 年相等;"*"表示省略的数据。

(4) 该企业所在行业的基准折现率为 10%,相关的货币时间价值系数如表 5-5 所示。

表 5-5　　　　　　　　　货币时间价值系数表

期数	2	8	9	10	11
$(P/A, 10\%, n)$	1.735 5	5.334 9	5.759 0	6.144 6	6.495 1
$(P/F, 10\%, n)$	0.826 4	0.466 5	0.424 1	0.385 5	0.350 5

【要求】

(1) 指出甲方案项目计算期,并说明该方案第 3~8 年的现金净流量($NCF_{3\sim8}$)属于何种年金形式。

(2) 计算乙方案项目计算期内各年的现金净流量。

(3) 根据表 5-4 中的数据,计算丙方案相关现金净流量和累计现金净流量(不用列算式)。

(4) 计算甲、丙方案包括建设期的静态投资回收期。

(5) 计算甲、乙方案的净现值,并据此评价甲、乙方案的财务可行性。

(6) 如果丙方案的净现值为 324.07 万元,用年金净流量法为企业作出该生产线项目投资的决策。

第六章 流动资产运营管理

知识训练

一、单项选择题

1. 某企业预计下一年度销售净额为1 800万元,应收账款周转天数为90天(一年按360天计算),变动成本率为60%,资本成本率为10%,则应收账款的机会成本为( )万元。
   A. 27   B. 45
   C. 108   D. 180

2. 采用ABC控制法进行存货管理时,应该重点控制的存货类别是( )。
   A. 品种较多的存货   B. 数量较多的存货
   C. 库存时间较长的存货   D. 单位价值较大的存货

3. 下列各项中,不属于存货储存成本的是( )。
   A. 存货仓储费用
   B. 存货破损和变质损失
   C. 存货储备不足而造成的损失
   D. 存货占用资金的应计利息

4. 根据经济订货批量的基本模型,下列各项中,可能导致经济订货批量提高的是( )。
   A. 每期对存货的总需求降低
   B. 每次订货费用降低
   C. 每期单位存货存储费降低

D. 存货的采购单价降低

5. 运用成本模型计算最佳现金持有量时,下列公式中,正确的是( )。

   A. 最佳现金持有量＝min(管理成本＋机会成本＋转换成本)

   B. 最佳现金持有量＝min(管理成本＋机会成本＋短缺成本)

   C. 最佳现金持有量＝min(机会成本＋经营成本＋转换成本)

   D. 最佳现金持有量＝min(机会成本＋经营成本＋短缺成本)

6. 企业持有现金主要是为了满足( )。

   A. 交易性、预防性、收益性需求

   B. 交易性、投机性、收益性需求

   C. 交易性、预防性、投机性需求

   D. 预防性、收益性、投机性需求

7. 各种持有现金的动机中,属于应付未来现金流入和流出随机波动的动机是( )。

   A. 交易性需求　　　　　　B. 预防性需求

   C. 投机性需求　　　　　　D. 长期投资性需求

8. 下列项目中,属于持有现金的机会成本的是( )。

   A. 现金管理人员工资　　　B. 现金安全措施费用

   C. 现金被盗损失　　　　　D. 现金的再投资收益

9. 某公司根据存货模型确定的最佳现金持有量为100 000元,有价证券的年利率为10%。在最佳现金持有量下,该公司与现金持有量相关的现金使用总成本为( )元。

   A. 5 000　　　　　　　　B. 10 000

   C. 15 000　　　　　　　 D. 20 000

10. 根据营运资金管理理论,下列各项中不属于企业应收账款成本的是( )。

    A. 机会成本　　　　　　　B. 管理成本

    C. 短缺成本　　　　　　　D. 坏账成本

11. 下列各项中,属于应收账款机会成本的是( )。

    A. 应收账款占用资金的应计利息

    B. 客户资信调查费用

C. 坏账损失

D. 收账费用

12. 企业目前信用条件为"N/30",赊销额为3 600万元,若将信用期延长为"N/60",预计赊销额将变为7 200万元,该企业变动成本率为60%,资本成本率为10%,一年按360天计算。则该企业应收账款占用资金将增加( )万元。

   A. 3 600 B. 54
   C. 360   D. 540

13. 目前企业的信用政策为"2/15,N/30",有占销售额60%的客户在折扣期内付款并享受企业提供的折扣;不享受折扣的应收账款中,有80%可以在信用期内收回,另外20%在信用期满后12.5天(平均数)收回。则该企业应收账款平均收现期为( )天。

   A. 18.0 B. 21.0
   C. 22.0 D. 41.5

14. 企业一般采用"5C"系统来评价客户信用并对其进行等级划分。其中采用"三类九等"方法进行划分时,最低等级为( )。

   A. A级   B. B级
   C. C级   D. D级

15. 按照ABC分析法,作为催款的重点对象是( )。

   A. 应收账款逾期金额占应收账款逾期金额总额的比重大的客户
   B. 应收账款账龄长的客户
   C. 应收账款数额占全部应收账款数额比重大的客户
   D. 应收账款比重小的客户

16. 下列成本中,属于变动订货成本的是( )。

   A. 采购部门管理费用
   B. 采购人员的固定工资
   C. 订货差旅费
   D. 预付订金的机会成本

17. 下列与存货有关的成本费用中,不影响经济订货批量的是( )。

   A. 专设采购机构的基本开支

B. 采购员的差旅费

C. 存货资金占用费

D. 存货的保险费

二、多项选择题

1. 运用成本模型确定企业最佳现金持有量时,现金持有量与持有成本之间的关系表现为( )。

    A. 现金持有量越小,总成本越大

    B. 现金持有量越大,机会成本越大

    C. 现金持有量越小,短缺成本越大

    D. 现金持有量越大,管理总成本越大

2. 企业持有现金的成本中与现金持有量有明显比例关系的有( )。

    A. 机会成本   B. 管理成本

    C. 短缺成本   D. 折扣成本

3. 企业在确定为应付突发事件而持有现金的数额时,需考虑的因素有( )。

    A. 企业销售水平的高低

    B. 企业临时融资的能力

    C. 企业市场投资机会的多少

    D. 企业现金流量预测的可靠程度

4. 赊销在企业生产经营中所发挥的作用有( )。

    A. 增加现金   B. 减少存货

    C. 促进销售   D. 减少借款

5. 为了确保公司能一致性地运用信用和保证公平性,公司必须保持恰当的信用政策,信用政策中必须明确地规定( )。

    A. 信用标准   B. 信用条件

    C. 收账政策   D. 商业折扣

6. 下列有关信用期间的表述中,正确的有( )。

    A. 缩短信用期间可能增加当期现金流量

    B. 延长信用期间会扩大销售

    C. 降低信用标准意味着将延长信用期间

D. 延长信用期间将增加应收账款的机会成本

7. 企业进行商业信用的定量分析可以从考察信用申请人的财务报表开始,通常使用比率分析法评价顾客的财务状况,主要考察的财务指标包括(　　)。

A. 流动性和营运资本比率

B. 债务管理和支付比率

C. 盈利能力

D. 资产管理能力

8. 在应收账款信用政策中企业采用现金折扣的目的在于(　　)。

A. 吸引顾客为享受优惠而提前付款

B. 减轻企业税负

C. 缩短企业平均收款期

D. 扩大销售量

9. 下列各项中,属于存货的变动储存成本的有(　　)。

A. 存货占用资金的应计利息

B. 紧急额外购入成本

C. 存货的破损变质损失

D. 存货的保险费用

10. 缺货成本是指由于存货供应中断而造成的损失,主要包括(　　)。

A. 商誉(信誉)损失
B. 延期交货的损失
C. 紧急采购发生的超额费用
D. 停工待料损失

11. 存货的取得成本通常包括(　　)。

A. 订货成本
B. 储存成本
C. 购置成本
D. 缺货成本

12. 下列各项中,属于建立存货经济订货批量基本模型假设前提的有(　　)。

A. 存货总需求量是已知常数

B. 允许出现缺货

C. 货物是一种独立需求的物品,不受其他货物影响

D. 存货的价格稳定

13. 在确定经济订货批量时,下列表述正确的有(　　)。

A. 随每次订货批量的变动,相关订货费用和相关储存成本呈反方向变化

B. 相关储存成本的高低与每次订货批量成正比

C. 相关订货成本的高低与每次订货批量成反比

D. 年相关储存成本与年相关订货成本相等时的采购批量,即为经济订货批量

14. 下列关于适时制库存控制系统的表述中,正确的有(　　)。

   A. 只有当制造企业在生产过程中需要原料或零件时,供应商才会将原料或零件送来

   B. 每当产品生产出来就被客户拉走,库存持有水平就可以大大下降

   C. 适时制库存控制系统需要的是稳定而标准的生产程序

   D. 目前,已有越来越多的公司利用适时制库存控制系统减少甚至消除对库存的需求

15. 企业如果采取适时制库存控制系统,则下列表述中正确的有(　　)。

   A. 库存成本较低

   B. 制造企业必须事先与供应商和客户协调好

   C. 需要的是稳定而标准的生产程序以及与供应商的诚信关系

   D. 供应商必须提前将企业生产所需要的原料或零件送来,避免企业缺货

三、判断题

(　　)1. 企业之所以持有一定数量的现金,主要是出于交易性需求、预防性需求和投机性需求。

(　　)2. 进行正常的短期投资活动所需要的现金属于交易性需求所需现金。

(　　)3. 在正常业务活动现金需要量的基础上,追加一定数量的现金余额以应付未来现金流入和流出的随机波动,这是出于投机性需求。

(　　)4. 利用"5C"系统评估顾客信用时,其中的能力(Capacity)是指个人或公司申请人的诚实和正直表现。

(　　)5. 存货管理的目标是在保证生产和销售需要的前提下,最大限度地降低存货成本。

(　　)6. 在存货的 ABC 控制法下,应当重点管理的是品种数量较少、金额较大的存货。

四、名词解释

1. 最佳现金持有量

2. 最佳存货量

五、简答题

1. 企业持有现金的动机有哪些?

2. 成本模型考虑的现金持有成本有哪些?

六、论述题

1. 论述现金收支日常管理。

2. 论述应收账款的日常管理。

3. 简述存货管理的目标。

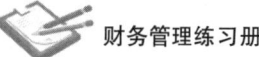技能训练

1. 【目的】 练习存货模型现金持有量的计算。

   【资料】 某公司现金收支平衡,预计全年(按360天计算)现金需要量为250 000元,现金与有价证券的转换成本为每次500元,有价证券年利率为10%。

   【要求】

   (1) 计算存货模型下的最佳现金持有量。

   (2) 计算最佳现金持有量下的全年现金管理总成本、全年现金转换成本和全年现金持有机会成本。

   (3) 计算最佳现金持有量下的全年有价证券交易次数和有价证券交易间隔期。

2. 【目的】 练习存货模型现金持有量的计算。

   【资料】 乙公司使用存货模型确定最佳现金持有量。根据有关资料分析,2022年该公司全年现金需求量为8 100万元,每次现金转换的成本为0.2万元,持有现金的机会成本率为10%。

   【要求】

   (1) 计算最佳现金持有量。

   (2) 计算最佳现金持有量下的现金转换次数。

(3) 计算最佳现金持有量下的现金交易成本。

(4) 计算最佳现金持有量下持有现金的机会成本。

(5) 计算最佳现金持有量下的相关总成本。

3. 【目的】 练习应收账款成本的计算。

【资料】 某企业预测 2023 年度销售收入净额为 4 500 万元,现销与赊销比例为 1∶4,应收账款平均收账天数为 60 天,变动成本率为 50%,企业的资本成本率为 10%。1 年按 360 天计算。

【要求】

(1) 计算该企业 2023 年度赊销额。

(2) 计算该企业 2023 年度应收账款的平均余额。

(3) 计算该企业 2023 年度应收账款占用资金。

(4) 计算该企业 2023 年度应收账款的机会成本额。

(5) 若该企业 2023 年应收账款平均余额需要控制在 400 万元,在其他因素不变的条件下,应收账款平均收账天数应调整为多少天?

4. 【目的】 练习应收账款成本的计算。

【资料】 某公司的年赊销收入为 720 万元,平均收现期为 60 天,坏账损失为赊销额的 10%,年收账费用为 5 万元。该公司认为通过增加收账人员等措施,可以使平均收现期降为 50 天,坏账损失降为赊销额的 7%。假设公司的资本成本率为 6%,变动成本率为 50%。

【要求】 为使上述变更在经济上更加合理,请计算新增收账费用的上限额度(一年按 360 天计算)。

5. 【目的】 练习应收账款成本的计算。

【资料】 A 公司信用条件为"N/60",2022 年 1~4 季度的销售额分别为 380 万元、150 万元、250 万元和 300 万元。根据 A 公司财务部一贯执行的收款政策,销售额的收款进度为销售当季度收款 40%,次季度收款 30%,第三个季度收款 20%,第四个季度收款 10%。(一年按 360 天计算)

【要求】

(1) 计算 2022 年年末的应收账款余额合计。

(2) 计算 2022 年第 4 季度的现金流入合计。

6. 【目的】 练习应收账款信用条件的确定。

【资料】 B公司是一家制造类企业,产品的变动成本率为60%,一直采用赊销方式销售产品,信用条件为"N/60"。如果继续采用"N/60"的信用条件,预计2023年赊销收入净额为1 000万元,坏账损失为20万元,收账费用为12万元。为扩大产品的销售量,B公司拟将信用条件变更为"N/90"。在其他条件不变的情况下,预计2023年赊销收入净额为1 100万元,坏账损失为25万元,收账费用为15万元。假定等风险投资最低报酬率为10%,1年按360天计算,所有客户均于信用期满付款。

【要求】
(1) 计算信用条件改变后B公司收益的增加额。
(2) 计算信用条件改变后B公司应收账款成本增加额。
(3) 为B公司作出是否应改变信用条件的决策并说明理由。

7. 【目的】 练习存货经济订货量的确定。

【资料】 甲公司是一家设备制造企业,从S公司购买一批108 000千克的材料,每年订货费用为5 000元,年单位材料变动储存成本为30元/千克,假设不存在缺货现象。

【要求】 利用经济订货基本模型,计算从S公司购买材料的经济订货批量和相关存货总成本。

8. 【目的】 练习存货经济订货量的确定。

【资料】 某企业每年需耗用 A 材料 45 000 件,单位材料年变动储存成本为 20 元,每次订货费用为 180 元,A 材料全年平均单价为 240 元。假定不存在数量折扣,不会出现陆续到货和缺货的现象。

【要求】

(1) 计算 A 材料的经济订货批量。

(2) 计算 A 材料年度最佳订货次数。

(3) 计算 A 材料的变动订货成本。

(4) 计算 A 材料的变动储存成本。

(5) 计算 A 材料的与批量相关的存货总成本。

第七章 利润分配与管理

知识训练

一、单项选择题

1. 根据相关法律法规和制度,下列净利润分配事项应当最后进行的是(   )。

    A. 向股东分配股利　　　　　B. 提取任意公积金

    C. 提取法定公积金　　　　　D. 弥补以前年度亏损

2. 下列各项中,不属于收益分配应遵循的原则是(   )。

    A. 依法分配　　　　　　　　B. 股东利益优先

    C. 分配与积累并重　　　　　D. 资本保全

3. 某企业生产 A 产品,预计单位产品的制造成本为 150 元,计划销售 70 000 件,计划期的期间费用总额为 3 500 000 元。该产品适用的消费税税率为 5%,目标成本利润率为 25%,则运用全部成本费用加成定价法测算的单位 A 产品价格应为(   )元。

    A. 250.95　　　　　　　　　B. 258.43

    C. 263.16　　　　　　　　　D. 271.22

4. 某企业生产 A 产品,预计单位产品的制造成本为 500 元,单位产品的期间费用为 150 元,销售利润率不能低于 15%,适用的消费税税率为 5%。则运用销售利润率定价法测算的单位 A 产品价格为(   )元。

    A. 800.0　　　　　　　　　B. 812.5

    C. 762.5　　　　　　　　　D. 502.5

5. 某公司生产 A 产品,本期计划销售量为 1 000 件,完全成本总额为 19 000 元,目标利润总额为 95 000 元,适用的消费税税率为 5%。则利用目标利润法确定的单位 A 产品价格为(   )。

A. 72.2　　　　　　　　　B. 80.0

C. 108.3　　　　　　　　　D. 120.0

6. 企业在分配收益时,必须按一定比例和基数提取法定公积金,这一要求体现的是(   )。

A. 资本保全约束　　　　　B. 企业积累约束

C. 偿债能力约束　　　　　D. 超额累计利润约束

7. 按照剩余股利政策,假定某公司资本结构为债务资本占 30%,权益资本占 70%,明年计划投资 800 万元,今年年末股利分配时,为满足投资需要,应从税后净利润中保留(   )万元。

A. 180　　　　　　　　　B. 240

C. 800　　　　　　　　　D. 560

8. 某公司目标资本结构要求权益资本占 55%,2020 年的净利润为 2 500 万元,预计 2021 年投资所需资金为 3 000 万元。按照剩余股利政策,2020 年可发放的现金股利为(   )万元。

A. 850　　　　　　　　　B. 1 150

C. 1 375　　　　　　　　D. 1 125

9. 一般而言,适用于采用固定或稳定增长股利政策的公司是(   )。

A. 盈利较高投资机会较多的公司

B. 经营比较稳定或正处于成长期的公司

C. 盈利波动较大的公司

D. 负债率较高的公司

10. 公司采用固定或稳定增长股利政策发放股利的好处主要表现在(   )。

A. 降低资金成本　　　　　B. 维持股价稳定

C. 提高支付能力　　　　　D. 实现资本保全

11. 某公司近年来经营业务不断拓展,目前处于成长阶段,预计现有的生产经营能力能够满足未来 10 年稳定增长的需要。该公司希望其股利与公司盈余紧密配合。基于以上条件,该公司最为适宜的股利政策是(   )。

A. 剩余股利政策 B. 固定股利政策

C. 固定股利支付率政策 D. 固定股利加额外股利政策

12. 下列股利政策中,具有较大财务弹性,且可使股东得到相对稳定的股利收入的是( )。

   A. 低正常股利加额外股利政策

   B. 固定股利支付率政策

   C. 固定或稳定增长的股利政策

   D. 剩余股利政策

13. 相对于其他股利政策而言,既可以维持股利的稳定性,又有利于优化结构的股利政策是( )。

   A. 剩余股利政策

   B. 固定股利政策

   C. 固定股利支付率政策

   D. 低正常股利加额外股利政策

14. 在通货膨胀时期,企业一般采取的利润分配政策是( )。

   A. 很松 B. 偏紧

   C. 很紧 D. 偏松

15. 如果上市公司以应付票据作为股利支付给股东,则这种股利的方式称为( )。

   A. 现金股利 B. 股票股利

   C. 财产股利 D. 负债股利

16. 下列关于股票股利的说法中,正确的有( )。

   A. 股票股利会导致股东财富的增加

   B. 股票股利会引起所有者权益各项目的结构发生变化

   C. 股票股利会导致公司资产的流出

   D. 股票股利会引起负债的增加

二、多项选择题

1. 下列各项中,属于影响产品价格的因素有( )。

   A. 政策法规因素 B. 价值因素

C. 成本因素　　　　　　　　　D. 市场供求因素和竞争因素

2. 下列各项中,可以作为企业产品定价目标的有(　　)。
   A. 实现利润最大化　　　　　B. 保持或提高市场占有率
   C. 稳定价格　　　　　　　　D. 应付和避免竞争

3. 下列各项中,属于企业进行利润分配应遵循的原则有(　　)。
   A. 依法分配原则　　　　　　B. 资本保全原则
   C. 分配与积累并重原则　　　D. 兼顾各方面利益原则

4. 公司在制定利润分配政策时应考虑的因素包括(　　)。
   A. 通货膨胀因素　　　　　　B. 股东因素
   C. 法律因素　　　　　　　　D. 公司因素

5. 下列各项中,属于影响股利政策的法律约束有(　　)。
   A. 资本保全约束　　　　　　B. 资本确定约束
   C. 企业积累约束　　　　　　D. 超额累计利润约束

6. 从保护股东自身利益的角度出发,在确定股利分配政策时应考虑的因素有(　　)。
   A. 投资机会　　　　　　　　B. 控制权
   C. 稳定收入　　　　　　　　D. 规避风险

7. 在公司的各发展阶段中,适合采用剩余股利政策的有(　　)。
   A. 公司快速发展阶段　　　　B. 公司初创阶段
   C. 公司衰退阶段　　　　　　D. 公司成熟阶段

8. 剩余股利政策的优点包括(　　)。
   A. 保持理想的资本结构
   B. 充分利用资金成本最低的资金来源
   C. 利润分配稳定
   D. 有利于公司股票价格的稳定

9. 下列事项中,会导致企业采取低股利政策的有(　　)。
   A. 陷于经营收缩的企业
   B. 物价持续上升
   C. 企业盈余不稳定

D. 企业资产的流动性较弱

10. 处于初创阶段的公司，一般不宜采用的股利分配政策有（　　）。

A. 固定股利政策　　　　　　　B. 剩余股利政策

C. 固定股利支付率政策　　　　D. 稳定增长股利政策

三、判断题

(　)1. 企业的利润分配有广义的利润分配和狭义的利润分配两种。广义的利润分配是指对企业的收入和收益总额进行分配的过程；狭义的利润分配则是指对企业收益总额的分配。

(　)2. "低正常股利加额外股利政策"和"固定或稳定增长的股利政策"均有助于稳定股价和增强投资者信心。

(　)3. 根据《公司法》的规定，法定公积金的提取比例为当年税后利润（弥补亏损后）的10%。

(　)4. 法定公积金可用于弥补亏损，扩大公司生产经营或转增资本。

(　)5. 以发行公司债券的方式支付股利属于支付财产股利。

(　)6. 股权登记日在除息日之前。

(　)7. 对于投资者来说，与现金股利相比，股票回购具有更大的灵活性。

(　)8. 在除息日之前，股利权利从属于股票；从除息日开始，新购入股票的投资者不能分享本次已宣告发放的股利。

(　)9. 股东为防止控制权被稀释，往往希望公司提高股利支付率。

(　)10. 固定股利支付率政策的主要缺点在于公司股利支付与其盈利能力相脱节，当盈利较低时仍要支付较高的股利，容易引起公司资金短缺、财务状况恶化。

四、名词解释

1. 剩余股利政策

2. 固定股利政策

3. 固定股利支付率政策

4. 低正常股利加额外股利政策

5. 股利宣告日

6. 除息日

五、简答题

1. 企业的定价目标有哪些?

2. 股利政策类型有哪些?

六、论述题

1. 论述利润分配的顺序。

2. 论述利润分配的原则。

3. 论述影响产品价格的因素。

技能训练

1. 【目的】 练习销售预测分析。

   【资料】 丙公司是一家汽车生产企业,只生产 C 型轿车,相关资料如下:

   资料一:C 型轿车年设计生产能力为 60 000 辆,2021 年 C 型轿车销售量为 50 000 辆,销售单价为 15 万元。丙公司全年固定成本总额为 67 500 万元,单位变动成本为 11 万元,适用的消费税税率为 5%,假设不考虑其他税费。2022 年该公司将继续维持原有产能规模,且成本性态不变。

   资料二:预计 2022 年 C 型轿车的销售量为 50 000 辆,丙公司目标是息税前利润比 2021 年增长 9%。

   资料三:2022 年某跨国公司来国内拓展汽车租赁业务,向丙公司提出以每辆 12.5 万元价格购买 500 辆 C 型轿车,假设接受该订单不冲击原有市场。

【要求】

(1) 根据资料一和资料二,计算下列指标:①2022年目标税前利润;②2022年C型轿车的目标销售单价;③2022年目标销售单价与2021年单价相比的增长率。

(2) 根据资料一和资料三,判断丙公司是否应该接受这个特殊订单,并说明理由。

2. 【目的】 练习股利分配政策。

【资料】 某公司已发行在外的普通股为2 000万股,拟发放10%的股票股利,并按发放股票股利后的股数支付现金股利。股利分配前的每股市价为20元,每股净资产为5元。假设股利分配不改变市盈率,并要求股利分配后每股市价达到18元。

【要求】 计算派发的每股现金股利金额。

3. 【目的】 练习股利分配政策。

【资料】 某公司现有发行在外的普通股 100 万股,每股面额为 1 元,资本公积 300 万元,未分配利润 800 万元,股票市价为每股 20 元。假设该公司按 10% 的比例发放股票股利并按市价折算。

【要求】 计算该公司发放股票股利后财务报表中资本公积的列示金额。

4. 【目的】 练习股利分配政策。

【资料】 某公司成立于 2021 年 1 月 1 日,2021 年度实现的净利润为 1 000 万元,分配现金股利 550 万元,提取盈余公积 450 万元(所提盈余公积均已指定用途)。2022 年实现的净利润为 900 万元(不考虑计提法定盈余公积的因素)。2023 年计划增加投资,所需资金为 700 万元。假定该公司目标资本结构为权益资本占 60%,债务资本占 40%。

【要求】

(1) 在保持目标资本结构的前提下,计算 2023 年投资方案所需的自有资金额和需要从外部借入的债务资金额。

(2) 在保持目标资本结构的前提下,如果该公司执行剩余股利政策,计算 2022 年度应分配的现金股利金额。

（3）在不考虑目标资本结构的前提下，如果该公司执行固定股利政策，计算2022年度应分配的现金股利金额，以及可用于2023年投资的留存收益和需要额外筹集的资金额。

（4）在不考虑目标资本结构的前提下，如果该公司执行固定股利支付率政策，计算该公司的股利支付率和2022年度应分配的现金股利金额。

（5）假定该公司2023年面临着从外部筹资的困难，只能从内部筹资，不考虑目标资本结构，计算在此情况下2022年度应分配的现金股利金额。

第八章 财务分析

知识训练

一、单项选择题

1. 下列财务比率中,属于效率比率的是( )。
   A. 速动比率　　　　　　　　B. 成本利润率
   C. 资产负债率　　　　　　　D. 所有者权益增长率

2. 流动比率属于( )。
   A. 构成比率　　　　　　　　B. 动态比率
   C. 相关比率　　　　　　　　D. 效率比率

3. 下列关于比率分析法的说法中,不正确的是( )。
   A. 构成比率又称结构比率,利用构成比率可以考察总体中某个部分的形成和安排是否合理,以便协调各项财务活动
   B. 利用效率比率指标,可以考察企业有联系的相关业务安排得是否合理,以保障经营活动顺畅进行
   C. 销售利润率属于效率比率
   D. 相关比率是以某个项目和与其有关但又不同的项目加以对比所得的比率,反映有关经济活动的相互关系

4. 若流动比率大于1,则下列结论一定成立的是( )。
   A. 速动比率大于1　　　　　　B. 营运资金大于0
   C. 资产负债率大于1　　　　　D. 短期偿债能力绝对有保障

5. 下列指标中,可用于衡量企业短期偿债能力的是( )。

A. 已获利息倍数 B. 产权比率

C. 权益乘数 D. 流动比率

6. 下列业务中,不会影响流动比率的是( )。

    A. 用现金购买短期债券

    B. 用现金购买固定资产

    C. 用存货进行对外长期投资

    D. 从银行取得长期借款

7. 某企业库存现金 2 万元,银行存款 68 万元,以公允价值计量且其变动计入当期损益的金融资产 80 万元,预付账款 15 万元,应收账款 50 万元,存货 100 万元,流动负债 750 万元。据此,计算出该企业的速动比率为( )。

    A. 0.20 B. 0.09

    C. 0.01 D. 0.27

8. 下列情形中,会导致速动比率小于 1 的是( )。

    A. 流动负债大于速动资产

    B. 应收账款不能实现

    C. 大量采用现金销售

    D. 存货过多导致速动资产减少

9. 如果企业速动比率很小,则下列结论成立的是( )。

    A. 企业流动资产占用过多

    B. 企业短期偿债能力很强

    C. 企业短期偿债风险很大

    D. 企业资产流动性很强

10. 影响速动比率可信性的最主要因素是( )。

    A. 存货的变现能力

    B. 短期证券的变现能力

    C. 产品的变现能力

    D. 应收账款的变现能力

11. 产权比率越高,通常反映的信息是( )。

    A. 财务结构越稳健

B. 长期偿债能力越强

C. 财务杠杆效应越强

D. 股东权益的保障程度越高

12. 下列关于权益乘数的计算公式中,不正确的是(　　)。

　　A. 权益乘数＝股东权益/资产总额

　　B. 权益乘数＝1/(1－资产负债率)

　　C. 权益乘数＝资产总额/股东权益

　　D. 权益乘数＝1＋产权比率

13. 下列经济业务中,可能导致企业资产负债率变化的是(　　)。

　　A. 收回应收账款

　　B. 用现金购买债券

　　C. 接受所有者投资转入的固定资产

　　D. 以固定资产对外投资(按账面价值作价)

14. 下列指标中,其数值大小与偿债能力大小呈同方向变动的是(　　)。

　　A. 产权比率　　　　　　　　B. 资产负债率

　　C. 利息保障倍数　　　　　　D. 权益乘数

15. 利息保障倍数不仅反映了企业的获利能力,而且反映了企业的(　　)。

　　A. 总偿债能力　　　　　　　B. 短期偿债能力

　　C. 长期偿债能力　　　　　　D. 经营能力

16. 从某公司2022年年末的资产负债表、利润表及相关的报表附注中可知,该公司当年总额为3亿元,财务费用中的利息费用为2 000万元,资本化利息支出为300万元,则该公司已获利息倍数为(　　)。

　　A. 16.00　　　　　　　　　　B. 16.15

　　C. 14.04　　　　　　　　　　D. 13.91

17. 已知利润总额为700万元,利润表中的财务费用为50万元,资本化利息支出为30万元,则利息保障倍数为(　　)。

　　A. 9.375　　　　　　　　　　B. 15.000

　　C. 8.750　　　　　　　　　　D. 9.750

18. 某企业2022年销售收入为36 000万元,流动资产平均余额为4 000万元,固资产平均余额为 8 000 万元。假定没有其他资产,则该企业 2022 年的总资产周转率为( )。

A. 3.0　　　　　　　　　　B. 3.4

C. 2.9　　　　　　　　　　D. 3.2

19. 企业销售净利率为 20%,总资产净利率为 30%,则总资产周转率为( )。

A. 0.67　　　　　　　　　　B. 0.10

C. 0.50　　　　　　　　　　D. 1.50

20. 某公司 2022 年年初所有者权益为 1.25 亿元,2022 年年末所有者权益为 1.50 亿元。则该公司 2022 年的所有者权益增长率是( )。

A. 16.67%　　　　　　　　　B. 20.00%

C. 25.00%　　　　　　　　　D. 120.00%

21. 一般将( )视为企业能否成功地达到其利润目标的计量标志。

A. 每股收益　　　　　　　　B. 每股净资产

C. 每股股利　　　　　　　　D. 市盈率

22. 下列各项指标中,能够综合反映企业成长性和投资风险的是( )。

A. 市盈率　　　　　　　　　B. 每股收益

C. 销售净利率　　　　　　　D. 每股净资产

23. 下列关于市盈率的说法中,不正确的是( )。

A. 市盈率越高,表明投资者对该股票的评价越高

B. 上市公司的市盈率是广大股票投资者进行短期投资的重要决策指标

C. 市盈率越高,表明投资于该股票的风险越大

D. 市盈率越高,表明企业未来成长的潜力越大

24. 在杜邦财务分析体系中,综合性最强的指标是( )。

A. 净资产收益率　　　　　　B. 总资产净利率

C. 总资产周转率　　　　　　D. 销售净利率

25. 下列关于杜邦财务分析体系所涉及的财务指标的表述中,错误的是( )。

A. 销售净利率可以反映企业的盈利能力

B. 权益乘数可以反映企业的偿债能力

C. 总资产周转率可以反映企业的营运能力

D. 总资产收益率是杜邦财务分析体系的起点

26. 某企业 2021 年和 2022 年的销售净利率分别为 7% 和 8%,资产周转率分别为 2.0 和 1.5,两年的资产负债率相同。则与 2021 年相比,该企业 2022 年的净资产收益率变动趋势为( )。

   A. 上升 B. 下降
   C. 不变 D. 无法确定

27. 甲公司 2022 年的净利率比 2021 年下降 5%,总资产周转率提高 10%。假定其他条件与 2021 年相同,则甲公司 2022 年的净资产收益率比 2021 年提高( )。

   A. 4.5% B. 5.5%
   C. 10.0% D. 10.5%

28. 企业所有者作为投资人,主要进行( )。

   A. 盈利能力分析 B. 偿债能力分析
   C. 综合分析 D. 运营能力分析

二、多项选择题

1. 企业财务信息的需求者主要包括( )。

   A. 企业债权人 B. 企业经管人员
   C. 政府 D. 企业所有者

2. 在财务分析中,资料来源的局限性主要体现在( )。

   A. 报表数据的时效性 B. 报表数据的真实性
   C. 报表数据的可靠性 D. 报表数据的完整性

3. 财务分析的局限性主要表现为( )。

   A. 分析主体的局限性 B. 资料来源的局限性
   C. 分析方法的局限性 D. 分析指标的局限性

4. 下列各项中,属于速动资产的有( )。

   A. 货币资金 B. 预收账款
   C. 应收账款 D. 存货

5. 下列财务指标中,可以反映长期偿债能力的有( )。

   A. 总资产周转率 B. 权益乘数

C. 产权比率　　　　　　　　　D. 资产负债率

6. 下列各项因素中,影响企业偿债能力的有(　　)。

　　A. 经营租赁　　　　　　　　　B. 或有事项

　　C. 资产质量　　　　　　　　　D. 授信额度

7. 下列各项中,影响应收账款周转率指标的有(　　)。

　　A. 应收账款　　　　　　　　　B. 预付账款

　　C. 应收票据　　　　　　　　　D. 销售折扣与折让

8. 下列财务指标中,可用于分析企业营运能力的有(　　)。

　　A. 存货周转次数　　　　　　　B. 速动比率

　　C. 应收账款周转天数　　　　　D. 流动比率

9. 一般而言,存货周转次数的增加表明企业的(　　)。

　　A. 盈利能力下降　　　　　　　B. 存货周转期延长

　　C. 存货流动性增强　　　　　　D. 资产管理效率提高

10. 在一定时期内,应收账款周转次数多、周转天数少表明企业(　　)。

　　A. 收账速度快　　　　　　　　B. 信用管理政策宽松

　　C. 应收账款流动性强　　　　　D. 应收账款管理效率高

11. 下列方法中,能够用来提高销售净利率的方法有(　　)。

　　A. 扩大销售收入　　　　　　　B. 提高资产周转率

　　C. 降低成本费用　　　　　　　D. 提高其他利润

12. 市净率指标的计算直接涉及的参数有(　　)。

　　A. 年末普通股股数　　　　　　B. 年末普通股权益

　　C. 年末普通股股本　　　　　　D. 每股市价

13. 下列关于杜邦财务分析法的计算公式中,不正确的有(　　)。

　　A. 总资产净利率＝销售净利率×总资产周转率

　　B. 净资产收益率＝销售毛利率×总资产周转率×权益乘数

　　C. 净资产收益率＝资产净利率×权益乘数

　　D. 权益乘数＝资产/股东权益＝1/(1＋资产负债率)

14. 下列与杜邦财务分析法有关的描述中,正确的有(　　)。

　　A. 销售净利率的高低取决于销售收入与成本总额的高低

B. 要提高销售净利率,必须扩大销售收入

C. 影响总资产周转率的一个重要因素是资产总额

D. 权益乘数主要受资产负债率指标的影响

15. 在现代的沃尔评分法中,共计选用了 10 个财务指标,下列指标中没有被选用的有(　　)。

　　A. 总资产报酬率　　　　　　B. 资产负债率

　　C. 自有资本比率　　　　　　D. 速动比率

三、判断题

(　　)1. 在财务分析中,将通过对比两期或连续数期财务报告中的相同指标,确定其增减变动的方向、数额和幅度,来说明企业财务状况或经营成果的变动趋势的方法称为比率分析法。

(　　)2. 效率比率是以某个项目和与其有关但又不同的项目加以对比所得的比率,反映有关经济活动的相互关系。

(　　)3. 因素分析法是依据分析指标与其影响因素的关系,从数量上确定各因素对分析指标影响方向和影响程度的一种方法,但其计算结果具有一定的假定性。

(　　)4. 财务分析中的功效指标,是某项经济活动中所费与所得的比率,反映投入与产出的关系。

(　　)5. 现金比率不同于速动比率之处主要在于剔除了应收账款对短期偿债能力的影响。

(　　)6. 一般来讲,存货周转速度越快,存货流动性越强,会增强企业的短期偿债能力及盈利能力。

(　　)7. 资产负债率越高,则权益乘数越低,财务风险越大。

(　　)8. 计算已获利息倍数时分母的利息费用,指的是计入财务费用的各项利息。

(　　)9. 每股股利的高低可以反映公司的盈利能力的大小,每股股利越低,说明公司的盈利能力越小。

(　　)10. 市盈率是评价上市公司盈利能力的指标,它反映投资者愿意为公司每 1 元净利润支付的价格。

(　　)11. 一般来说,市净率越高的股票,投资价值较高。

(　　)12. 在现代的沃尔评分法中,总资产报酬率的评分值为18分,标准比率为5.5%,行业最高比率为15.8%,最高评分为30分,最低评分为10分。A企业的总资产报酬率的实际值为10%,则A企业的该项得分为24.37分。

四、名词解释

1. 财务分析

2. 流动比率

3. 速动比率

4. 资产负债率

5. 产权比率

6. 权益乘数

7. 利息保障倍数

8. 应收账款周转率

9. 存货周转率

10. 销售毛利率

11. 销售净利率

12. 市盈率

13. 市净率

五、简答题

1. 影响偿债能力的因素有哪些？

2. 在运用杜邦财务分析法时要注意哪些事项？

六、论述题

论述财务分析的局限性。

技能训练

1. 【目的】 练习偿债能力的分析。

   【资料】 A企业的简化资产负债表如表8-1所示。

表8-1　　　　　　　　　　　简化资产负债表　　　　　　　　　　　单位：万元

项目	金额	项目	金额
流动资产	3 440	流动负债	1 336
其中：存货	907	长期负债	370
固定资产净值	1 440		
无形资产	100	所有者权益	3 274
合计	4 980	合计	4 980

其他资料:该企业当年的税后净利润为725万元,债务利息为308万元,企业所得税税率为25%。

【要求】 计算下列指标:

(1) 流动比率。

(2) 速动比率。

(3) 资产负债率。

(4) 利息保障倍数。

2.【目的】 练习营运能力的分析。

【资料】 (1)A公司2022年年末的部分财务数据,如表8-2所示。

表8-2　　　　　　　　A公司2022年年末的部分财务数据　　　　　　　　单位:元

项目	金额	项目	金额
货币资金	150 000	固定资产	425 250
长期负债	200 000	销售收入	1 500 000

(2) A公司2022年的流动比率为3,速动比率为2(速动资产仅包括货币资金和应收账款),应收账款周转期为40天。

【要求】 计算下列指标:

(1) 应收账款。

(2) 流动负债。

(3) 流动资产。

(4) 资产总额。

(5) 资产负债率(计算结果取整数)。

3.【目的】 练习盈利能力分析。

【资料】 丁公司 2022 年 12 月 31 日的资产负债表显示,资产总额年初数和年末数分别为 4 800 万元和 5 200 万元,负债总额年初数和年末数分别为 2 400 万元和 2 600 万元。丁公司 2022 年度营业收入为 7 500 万元,净利润为 375 万元。

【要求】 计算下列指标:

(1) 权益乘数(根据年初、年末平均值)。

(2) 总资产周转率。

(3) 营业净利率。

(4) 总资产净利率和权益净利率。

4. 【目的】 练习综合财务分析。

【资料】 甲公司是一家创业板上市公司,2022年度营业收入为20 000万元,营业成本为15 000万元,财务费用为600万元(全部为利息支出),利润总额为2 000万元,净利润为1 500万元。此外,资本化的利息支出为400万元。甲公司存货年初余额为1 000万元,年末余额为2 000万元,全年发行在外的普通股加权平均数为10 000万股,年末每股市价为4.5元。

【要求】 计算下列指标:

(1) 营业净利率。

(2) 利息保障倍数。

(3) 存货周转率。

(4) 市盈率。

5. 【目的】 练习综合财务分析。

【资料】 丁公司2022年12月31日总资产为600 000元,其中流动资产为450 000元,非流动资产为150 000元;股东权益为400 000元。丁公司年度运营分析报告显示,2022年的存货周转次数为8次,营业成本为500 000元,净资产收益率为20%,期末流动比率为2.5。

【要求】

(1) 计算丁公司 2022 年存货平均余额。

(2) 计算丁公司 2022 年年末流动负债。

(3) 计算丁公司 2022 年净利润。

6. 【目的】 练习综合财务分析。

【资料】 A 公司 2022 年资产负债有关资料,如表 8-3 所示。

表 8-3　　　　　　　A 公司 2022 年资产负债有关资料　　　　　　单位:万元

资产	年初金额	年末金额	负债及所有者权益	年初金额	年末金额
流动资产:			流动负债合计	175	150
货币资金	50	45	长期负债合计	245	200
应收账款	60	90	负债合计	420	350
存货	92	144			
预付账款	23	36			
流动资产合计	225	315	所有者权益合计	280	350
固定资产净值	475	385			
总计	700	700	总计	700	700

该公司 2021 年度营业净利率为 16%,总资产周转率为 0.5 次,权益乘数为 2.5,净资产收益率为 20%;2022 年度营业收入为 420 万元,净利润为 63 万元。

【要求】

(1) 计算 2022 年年末的资产负债率和权益乘数。

（2）计算 2022 年总资产周转率、营业净利率和净资产收益率（均按期末数计算）。

（3）按营业净利率、总资产周转率、权益乘数的次序使用连环替代法进行杜邦财务分析，确定各因素对净资产收益率的影响。

7. 【目的】 练习综合财务分析。

【资料】 某企业有关财务信息如下：

（1）所有者权益年初总额为 10 000 万元，年末权益数额等于年末营运资金数额，年末实收资本是未分配利润的 3 倍。

（2）年末应收账款为 5 000 万元，是速动资产的 50%，流动资产的 25%，同固定资产价值相等。

（3）年末长期负债是短期投资的 5 倍。

（4）年末速动比率为 2.5。

【要求】 根据以上信息，将资产负债表（表 8-4）填列完整。

表 8-4　　　　　　　　　　　　　资产负债表　　　　　　　　　　　　　单位：万元

资产	年末金额	负债及所有者权益	年末金额
现金		应付账款	
短期投资		长期负债	
应收账款		实收资本	
存货		未分配利润	
固定资产			
合计		合计	

8. 【目的】 练习综合财务分析。

【资料】 某企业 2022 年的有关资料如表 8-5 所示。

表 8-5　　　　　　　　某企业 2022 年的有关资料　　　　　　　单位:万元

资产	年初金额	年末金额	负债及所有者权益	年初金额	年末金额
货币资金	130	130	流动负债合计	220	218
应收账款	135	150	长期负债合计	290	372
存货	160	170	负债合计	510	590
流动资产合计	425	450	所有者权益合计	715	720
长期投资	100	100			
固定资产原价	1 100	1 200			
减:累计折旧	400	440			
固定资产净值	700	760			
非流动资产合计	800	860			
合计	1 225	1 310	合计	1 225	1 310

该企业 2022 年营业收入为 1 500 万元,营业净利率为 20%。假定该企业流动资产仅包括速动资产与存货,适用的企业所得税税率为 25%。

【要求】

(1) 计算该企业 2022 年年末的流动比率、速动比率、现金比率。

(2) 计算该企业 2022 年年末的资产负债率、产权比率、权益乘数。

(3) 计算该企业 2022 年应收账款周转率、流动资产周转率、总资产周转率。